チャレンジする
地方鉄道

乗って見て聞いた「地域の足」はこう守る

堀内重人
Horiuchi Shigeto

交通新聞社新書 059

はじめに

各地で鉄道の廃止が相次いでいる大きな要因として、「規制緩和」が挙げられる。2000（平成12）年3月に「改正鉄道事業法」が施行され、それまで政府が行なっていた需給調整規制を撤廃する規制緩和が実施された。これにより不採算路線からの撤退は、「許可制」から「届出制」になった。実際、鉄道事業法が改正された同年から2006（平成18）年までの6年間で、476・6キロもの鉄道路線が廃止された。

それ以前から、少子高齢化やモータリゼーションの進展、産業の空洞化、長引く経済不況などにより、地方の公共交通の経営は非常に厳しい状態にあった。そこへ規制緩和が実施されたことで、公共交通の「空白地域」が顕在化することになり、市場原理が適用されない過疎地などでは、地域住民の日常生活の「足」を守ることが喫緊の課題となった。

その反省から、自民党政権下の2007（平成19）年10月に「地域公共交通活性化再生法」が施行され、協議会を開催して公共交通の存続・活性化に熱心に取り組む自治体には、補助金が支給されることになった。これは別の言い方をすれば、事業者任せ、行政任せだけでは公共交通は存続しないことを意味する。

民主党政権下の２０１１（平成23）年４月から実施された「地域公共交通確保維持改善事業～生活交通サバイバル戦略～」では、「元気な日本復活特別枠」を含む既定予算の１・４倍にあたる３０５億円を投入することになり、バリアフリー対策などは充実することになった。

だが欠損補助の対象は、架橋されていない離島航路や航空路、自治体が補助を行なわない路線バスや福祉・乗合タクシー（デマンド交通）など、必要最低限の公共交通だけである。地域公共交通活性化再生法で実施されていた試験運行（運航）や増発に対する補助が実施されなくなり、こちらに関しては後退してしまった。国会で審議中だった「交通基本法案」は、２０１２（平成24）年11月16日に衆議院が解散となり、廃案となってしまった。

本書は、以上のような厳しい状況のなかでも、独創的な経営を行なっている地方民鉄や第三セクター鉄道の現状を中心に、現地取材を交えて、できるだけ現地の実情が臨場感を伴って伝えられるように執筆した。そして「新規需要創出」「新事業の展開」「顧客満足」という経営者の努力に力点を置いている。読者の方からは、「利用者の視点が欠けている」というご指摘を受けるかもしれないが、厳しい状況のもとでも、なんとか知恵を出し、経営改善にチャレンジしている地方民鉄や第三セクター鉄道は、事業者が地元の利用者と一体となって鉄道存続・活性化を模索していることが多い。

たとえば、グルメ列車を運転している事業者は、地元産の食材を使用したり、地元の企業や住民とタイアップ・共同して運行に取り組んでいる。そうなると鉄道事業者の存在が、新たな産業や雇用を生み出すため、鉄道事業の採算性は低いものの、地域の便益としては「正」となるだろう。沿線以外からの利用者が増えれば、地域の観光産業も活性化される。

交通基本法など、公共交通を支える法律が不十分であるため、地方民鉄や第三セクター鉄道の厳しさは増した。本書が地方民鉄や第三セクター鉄道の存続と活性化につながり、鉄道を通してよりよい地域づくりができるのであれば、これ以上の喜びはない。

チャレンジする地方鉄道――目次

第2章　第三セクターのイベント列車

第4章　グルメ列車に乗って

第5章　副業に活路を見いだせ！

第6章　三江線の存続と活性化に向けた模索

※本文中に掲載の写真は、とくに撮影者の記載がないものは、すべて筆者撮影です。
※本文中に掲載の路線図は、２０１３（平成25）年9月現在のもので、全駅をふりがな付きで掲載しています。なお、太線は単線区間、細い二重線は複線区間を示しています。

第1章

第三セクターの個性派社長

秋田内陸縦貫鉄道

(1) 上下分離経営の断念

秋田内陸縦貫鉄道は、鷹巣と角館を結ぶ全長94・2キロの秋田内陸線を運行する第三セクター鉄道である。鷹巣でJR奥羽《おうう》本線（JRの駅名は鷹ノ巣）、角館でJR田沢湖線（秋田新幹線）に接続している。

会社設立は1984（昭和59）年10月で、前身は国鉄の阿仁合線と角館線。旧阿仁町の庁舎（現・北秋田市の支所）内に本社があり、現在の資本金は3億円である。

1980（昭和55）年の国鉄再建法の施行により、南側の角館線、北側の阿仁合線ともに特定地方交通線に指定された。特定地方交通線とは、輸送密度（1日1キロあたりの平均輸送量）が4000人未満の路線であり、このような路線は「国鉄線としての使命を終えて、バスによる輸送が妥当である」とされた。現在は、輸送密度が4000人未満であっても、採算性だけでなく便益にも着目して鉄道として存続させている路線も多数あるが、当時はまだ、そのような考え方は生まれていなかった。

両路線ともに特定地方交通線に選ばれたことから、角館線と阿仁合線をつなげて鷹角《ようかく》線とする建設工事も凍結となったが、地元は鉄道の存続を望んだ。理由として、工事が進展していたことや、冬季の積雪時でも安定した輸送が可能なことなどが挙げられる。

そこで凍結中の建設線も加えて一体として運営するため、秋田内陸縦貫鉄道が設立された。営業開始は１９８６（昭和61）年11月で、南北に分断された形での暫定的な開業であった。そして１９８９（平成元）年４月に比立内〜松葉間の29・０キロが開業したことで、悲願の全通が実現した。

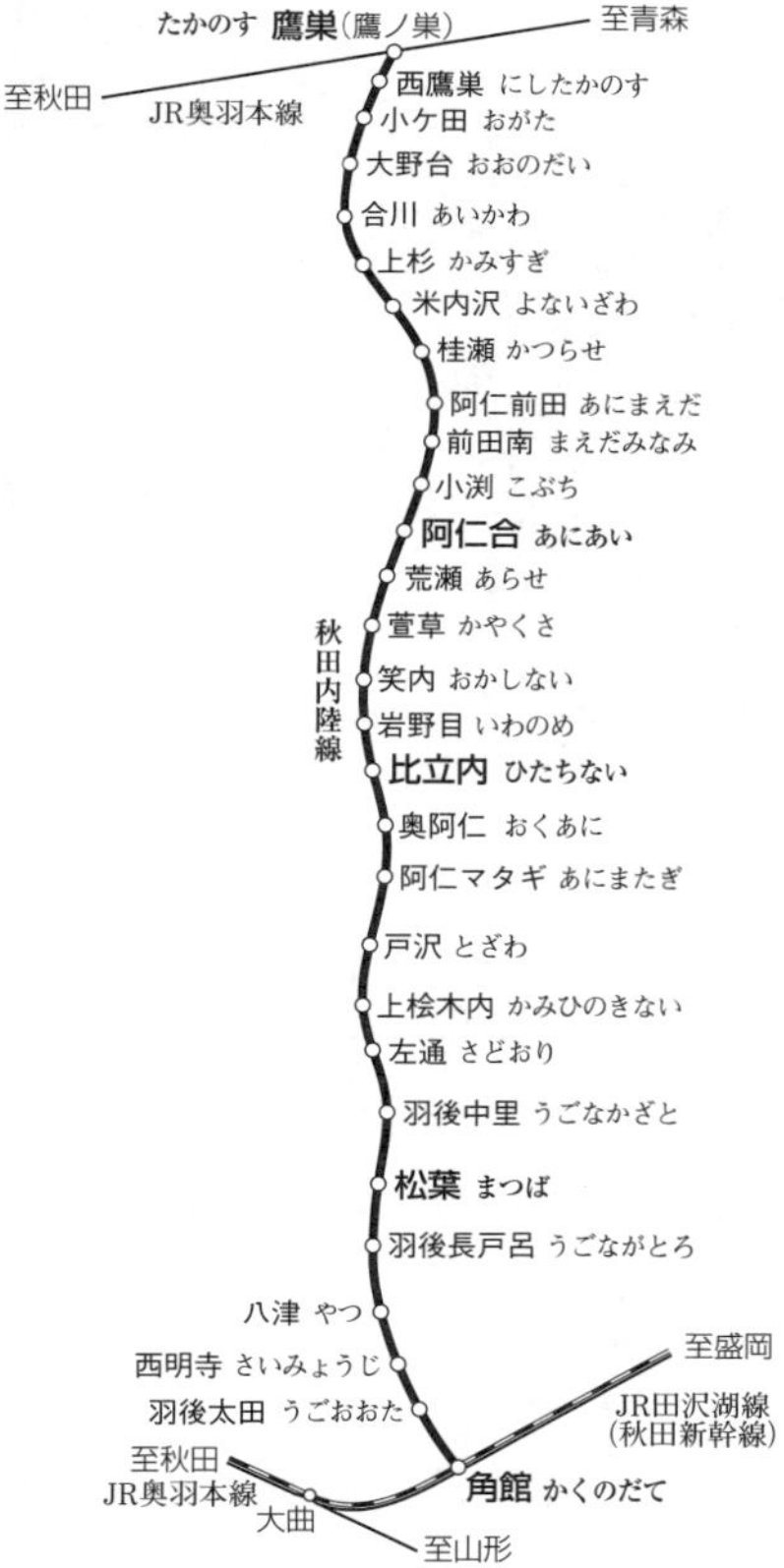

秋田内陸縦貫鉄道は、経営環境が厳しいことが予想されていたが、開業時から全国初の女性運転士を誕生させるなど話題も多かった。営業キロ数が長いこともあり、増収とサービ

雪の角館駅に停車中の急行「もりよし」

ス向上も兼ねて急行「もりよし」の設定や、各種企画切符の販売も始めた。

2012（平成24）年3月のダイヤ改正までの急行「もりよし」は、車内に転換クロスシートを配した専用車両のAN8900形気動車が使用されていた。中央にはサロン風のソファ席もあり、乗客には好評であった。だが利用者の減少に伴い、このダイヤ改正後は、車両の効率的な運用を図るために普通列車と同じAN8800形で運転されるようになった。急行「もりよし」には観光アテンダントが乗務しており、沿線の観光名所の案内などを行なっている。

増収とサービス向上を図る一方で、合理化の一環として信号の自動化を実施すると同時に、直営の鷹巣、角館、阿仁合を除き、合川、米内沢、阿仁前田の各駅は、簡易委託という形で外部に運営委託している。も

阿仁合駅の待合室で乗客を出迎えてくれる「森吉のじゅうべぇ」

ともと沿線人口が少ないうえ、県北の北秋田市（鷹巣町・阿仁町・森吉町などが合併）と県中央部の仙北《せんぼく》市（角館町・田沢湖町などが合併）の間の交流も少ない。さらに近年は少子化の影響もあって高校の統廃合が進んでおり、鷹巣と角館の間の沿線に高校はなくなってしまった。

全線が開業した１９８９（平成元）年度の利用者は約１０７万人だったが、２００７（平成19）年までは利用者の減少に歯止めがかかっていなかった。少しでも利用者を増やすため、阿仁前田は「クウィンス森吉」という温泉施設を併設した駅舎に改築したり、鷹巣にある秋田北鷹《ほくよう》高校の運動部が角館で試合をする際には、秋田内陸縦貫鉄道の利用をＰＲするなどの利用促進を行なっている。また開業時から熊のマスコットを導入し、「森吉のじゅうべぇ」という愛称名を付け、営業宣伝部長として阿仁合駅の待合室で乗客の見送りを行なっている。昨今では動物駅長がブームになっているが、縫いぐるみとはいえ、動物駅長の元祖は秋田内陸縦貫鉄道だったかもしれない。

さらには、オリジナルグッズの販売や、阿仁合駅や鷹巣駅構内に直営のレストランをオープンして、関連事業収入を増やそうとしている。阿仁合駅の「こぐま亭」では、東京のレストランで修業したシェフが作る馬肉シチューなどのオリジナルメニューが好評である。

ところで2007（平成19）年から2009（平成21）年にかけては、秋田内陸縦貫鉄道の存続が議論されたこともあり、19ページの表で示すように利用者は増加していた。2008（平成21）年9月、秋田県と北秋田市・仙北市は、2012（平成24）年度までは縦貫鉄道を存続させることで合意、5年間は様子を見ることにした。すると、2010（平成22）年度からは減少に転じており、2011（平成23）年3月11日に発生した東日本大震災による風評被害もあって、2011（平成23）年度も減少に歯止めをかけることができなかった。

この合意は、道路だけでは冬季に安定した輸送が行なえないことから、「地域の生活路線として存続が必要」と判断したことや、鳥取県の第三セクター・若桜《わかさ》鉄道が「公有民営」の上下分離経営を決めたことも影響している。さらに秋田県と北秋田市・仙北市は、「長期的存続に向けた取り組みを展開する」ことを表明した。

秋田内陸縦貫鉄道の直近の輸送人員の推移

年度	年間利用者数	備　考
2007年	443,000	
2008年	471,000	2008年9月に県と北秋田市、仙北市が存続で合意
2009年	482,000	
2010年	413,000	2010年２月　４者合意
2011年	411,000	2011年３月　東日本大震災

出典：宮曽根隆・野呂拓生『秋田内陸線と沿線地域の活性化に関する調査研究報告』を基に作成

当初の計画では、若桜鉄道の事例を参考に、インフラの保有は北秋田市と仙北市の２市が行ない、運行は秋田内陸縦貫鉄道が行なう「公有民営」の上下分離経営を検討してきた。上下分離経営とは、鉄道をインフラ部門とサービスである列車運行部門に分離を行ない、鉄道事業の経営状況は列車運行部門だけを見て判断することになる。日本では、公有民営の上下分離経営は鉄道事業法で認められていなかったが、２００８（平成20）年10月の地域公共交通活性化再生法の改正により、認められることになった。

だが、公有民営の上下分離経営を行なっても、利用者が少ないことから黒字化は難しいことが判明。また阿仁合線や角館線を承継した区間は、トンネルなどの老朽化が進んでいたことから、インフラの大幅な改修が必要なこともあり、この方法を断念した。そこで従前どおり、インフラの保有と運行は秋田内陸縦貫鉄道が担うが、インフラのメンテナンス費用を秋田県が負担することにした。路線存続には、２０１０（平成22）～２０１７（平成29）年度の８年間で、橋梁やトンネルなどの補修と安全対策工事に15億円程度の費用が必要という。これは国の鉄道軌道輸送高度化事業費補助などを活用して実施する計画だ。

秋田内陸縦貫鉄道の経営状態を改善させるため、秋田県・北秋田市・仙北市・秋田内陸縦貫鉄道の4者は協議を行なった結果、2010（平成22）年2月に、2010年度からは赤字額を年間で2億円に圧縮する新経営目標を設定した。これにより秋田内陸縦貫鉄道の経営責任と目標を明確化させた。そして2010（平成22）～2012（平成24）年度は、秋田県が1億円、北秋田市と仙北市が計1億円を負担する形で赤字を補填する。2013（平成25）年度以降は、北秋田市と仙北市が計2億円を運営費として補助し、県は両市に計5000万円補助する形で対応することになった。

秋田内陸縦貫鉄道にすれば、2008（平成20）年から2012（平成24）年までの5年間は検証期間となったため、経営状態が上向く要因がなければ、大幅な減便などの抜本的な経営改善や、バス化される危険性を背負ったことになったのである。

ところで、秋田内陸縦貫鉄道の社長は、設立当初から地方自治体の首長などが兼務していた。首長が鉄道会社の社長を兼務するような経営体制では、管理面で問題があるだけでなく、斬新なアイデアなども出にくいため、経営再建は難しい。そこで後任は民間人から選ぶことになり、田沢湖高原リフトを再建した手腕を買われて同社長の若杉清一氏が、2009（平成21）年6月、秋田内陸縦貫鉄道初の民間人社長となった。

若杉社長時代の秋田内陸縦貫鉄道は、赤字幅の削減に向けて広告事業を行なうなど、新たな収益源の確保や経費削減に努めた。しかし、民間人社長が選ばれたとはいっても、若杉氏は田沢湖高原リフトの社長も兼務していたため、週2日しか出社できず、実質的には非常勤の社長であったのだ。

会社再建のためには、ぜひとも常勤の社長を迎え入れたい。そこで再度、社長の公募を行なうことになり、その結果、社長には百貨店の「そごう」出身の酒井一郎氏が選ばれ、2011（平成23）年12月に就任した。

酒井氏にとって鉄道事業はまったく初めてであり、本人もそれまでは鉄道に興味があるわけではなかったが、「百貨店も地方鉄道も同じである」という考えで応募して採用になった。酒井氏が百貨店と同じであると考えた理由は、企業を再生するためには増収が大切であり、それには新しい企画による集客イベントや、新商品の開発などが不可欠で、そのため誰に売ろうとするのかというターゲットを明確にすると同時に、どこから人を呼ぶのかという「商圏設定」などのマーケティングが重要となるからである。

（2）観光路線化への模索

筆者は、酒井社長に話を伺うため、2013（平成25）年3月18日に、阿仁合にある本社で酒井社長と面会する機会を得た。当日は、角館12時14分発の急行「もりよし2号」で阿仁合に向かった。

筆者は2012（平成24）年8月にも、鷹巣から角館まで、急行「もりよし3号」に乗車しているが、鷹巣発車時の乗客は筆者を含め2名しかなかった。幸い、西明寺で3名が乗車して終点の角館到着時には5名になったが、利用者の少なさに前途の厳しさを感じたものであった。

今回は3月とはいえ、角館からの沿線は雪で覆われている。実質的にはまだ冬であるため、急行「もりよし2号」にどれだけ乗車するのか、正直いって心配だったが、角館発車時には筆者を含め15名の乗客がいた。冬場であることも考慮すれば、まずまずの乗車率といえるだろう。観光アテンダントによる車内販売も実施されていた。JRの特急でさえ車内販売が減少していることを考えれば、このようなサービスは貴重だ。

阿仁合駅は、沿線では大きな駅であり、構内には車両基地を備える。駅舎は三角形のユニークな形をしており、待合室の奥に「こぐま亭」がある。

本社は、阿仁合駅から徒歩で2分ほどの旧阿仁町役場の一角にある。社長室はなく、社員と同じ空間を共有している。そのため面会は、応接室へ案内された。酒井社長とは、2012（平成23）年6月に東京で開催された公募社長サミットで見かけたものの、名刺交換をするタイミングを逸してしまったため、お互いに顔を合わせたことがなかった。その旨を酒井社長に伝えると、「『鉄道・路線廃止と代替バス』[*1]を拝読しました。あの本を読んで、バスでは鉄道の代替ができないことを痛感し、秋田内陸縦貫鉄道を存続させる社会的責任の重さを感じました」と、思いがけなくもうれしい返事が返ってきた。

酒井社長の秋田内陸縦貫鉄道に対する考え方の基本は、あくまでも「生活路線」である。そのうえで、観光路線化を模索しているという。観光客は、秋田内陸縦貫鉄道の必要性を感じているわけでもなければ、マイレール意識も持っていない。また観光鉄道に特化してしまうと、経済状況に左右されたり、風評被害に弱い鉄道になってしまう。東日本大震災では、秋田県は被害も比較的少なく、放射能による汚染の影響もほとんどなかったにもかかわらず、利用者が減少した。

観光路線化は、このようなリスクもあるが、少子高齢化の影響から通学需要は減少しているため、観光客を誘致して運賃収入を上げなければ、秋田内陸縦貫鉄道は存続できない。酒井社長は、商圏設定について、第1商圏（沿線）、第2商圏（秋田県）、第3商圏という考え方を示され、第3商圏は秋田県以外の東北5県を考えているが、観光客の誘致先として最大の市場は東京を中心とした首都圏（戦略商圏）であると位置付けており、主なターゲットとして、①女性、②高校生、③鉄道ファンを挙げた。

女性に関しては、秋田内陸縦貫鉄道の利用者の中で、女性の占める割合が低かったため、むしろ「伸びしろ」が大きいと見ている。２０１２（平成24）年10月に角館・鷹巣・阿仁合などの主要駅の構内で開催した「いけばなパフォーマンス」は、マスコミで大きく取り上げられて好評だったことから、生け花のように女性を対象にしたイベントも、鉄道とは意外と相性がよいと考えているようだ。〝みちのくの小京都〟と呼ばれる仙北市の角館は、女性に人気の観光地として知られており、ターゲットとして最適ではないだろうか。

高校生に関しては、少子高齢化の影響で高校の統廃合が進んだだけでなく、通学需要も減少している。１９８９（平成元）年に約１０７万人であった年間利用者は、２０１１（平成23）年度は約41万人にまで減少している。それではなぜ、酒井社長が高校生をターゲットにするのかといえば、それは高校生の持つ若さに期待しているからである。

２０１２（平成24）年８月22〜24日に、第１回全国高校生地方鉄道交流会が秋田内陸縦貫鉄道沿線で開催されたことから、岩倉高校、安田学園高校、成城中学・高校とは、その後も交流が続いているという。秋田内陸縦貫鉄道では、安田学園15周年を記念したヘッドマークを列車に付けて運行したという。高校生の持つ若くて柔軟なアイデアを酒井社長は求めており、提案して欲しいのである。

鉄道ファンも重要な顧客と捉えている。九州・四国のような遠方からであっても、秋田内陸縦貫鉄道に乗るためにわざわざ足を運んでくれるからだという。これが百貨店の顧客と大きく異なる点であることを、酒井社長は強調していた。

酒井社長は、秋田内陸縦貫鉄道の経営を盤石にするためには、「内陸線を基幹産業にまで発展させなければならない」という。それゆえ酒井社長の秋田内陸縦貫鉄道に対する考え方は3段階に分かれており、1階部分が生活路線、2階部分が観光路線、3階部分が基幹産業である。

秋田内陸縦貫鉄道沿線の産業は、農業と林業が中心であるが、最近では、これらの産業と観光を関連させたアグリツーリズムやグリーンツーリズムが注目されるようになっている。その農業に着目して、秋田内陸縦貫鉄道では、「ごっつお玉手箱列車」というグルメ列車を、2012（平成24）年9月～2013（平成25）年3月の間に6回運行している。毎回テーマを設け、沿線の農家のお母さん方が旬の料理を作り、それらを持ち寄って列車に乗り込み、乗客に提供するという企画である。参加費は6900円で2013（平成25）年9月～2014（平成26）年3月の間も6回の運行を計画している。この列車には、イベント用のお座敷車両が使用されるという。

この列車の誕生の経緯は、「たざわこ芸術村」の大和田しずえさんと、仙北市の農家民宿の集まりである「西木グリーンツーリズム研究会」、それに秋田内陸縦貫鉄道の齊藤営業課長や秋田県地域振興局の職員も加わり、地域おこしの一環として2006（平成18）年ころから開始したらしい。当初は県の補助金を活用していたそうだが、その後は同研究会が中心となって実施されるようになったという。これが好評だったことから、今では秋田内陸縦貫鉄道の募集型企画旅行として商品化されている。

酒井社長はまた、角館に観光客が年間260万人も訪れることから、その一部を秋田内陸縦貫鉄道沿線に誘致するのが効果的だと考えている。沿線には史跡などが豊富にあることから、「歴史」という切り口で秋田内陸縦貫鉄道を再考すると、見ごたえのある観光資源がまだまだあるため、観光客をさらに呼び込めるのではないかという。そのためにも駅名にセカンドネームを付けたいという。

例を挙げると、阿仁合であれば「阿仁ゴンドラ麓の駅」、桂瀬であれば「笑う岩偶出土最寄りの駅」*2、小ケ田であれば「伊勢堂岱《いせどうたい》遺跡入口の駅」*3という具合である。秋田内陸縦貫鉄道の北部は、遺跡や古墳などが豊富にあり、とくに縄文時代の遺跡が多い。また笑内駅から徒歩で20分のところには、「根子《ねっこ》集落」*4というマタギの里として知られる独特の文化を持った集落がある。セカンド

秋田内陸縦貫鉄道沿線の主な観光名所と旧跡

最寄り駅	観光名所・旧跡
小ケ田	伊勢堂岱遺跡
合川	さざなみ温泉
桂瀬	笑う岩偶出土の白坂遺跡
阿仁前田	温泉付き駅舎クウィンス森吉
阿仁合	こぐま亭、内陸線資料館、阿仁異人館・伝承館
笑内	根子集落
阿仁マタギ	打当温泉マタギの湯、熊牧場
西明寺	西木温泉クリオン

出典：『秋田内陸線 駅からアクセス』秋田内陸縦貫鉄道作成マップを基に作成

ネームを付けることで、パンフレットを作るよりもストレートに内陸線の魅力を伝えることができる利点があり、とくに団塊の世代などは知的好奇心が高いため、効果的であると酒井社長は考えている。

補足になるが、2013（平成25）年7月2日に阿仁合駅から徒歩で1分の所に「内陸線資料館」がオープンした。秋田内陸縦貫鉄道の歴史以外に、かつて秋田県内に広く張り巡らされていた森林鉄道や、江戸時代から鉱山のある阿仁で活躍した鉱山鉄道の歴史を写真や新聞で振り返っている。年中無休で開館は10～16時、入館料は無料である。

なお、上の表に秋田内陸縦貫鉄道沿線の観光名所などを掲載した。

酒井社長の考えは「観光」＝「競争」であり、内陸線の武器は「歴史」と考えている。縄文時代の遺跡などは貴重で、これら観光資源と一体となって秋田内陸縦貫鉄道を基幹産業に育て上げることが、地元に役立つというのである。百貨店は買い物客が中心のため、おのずと商圏はその地域か周辺部に限定されてしまうが、鉄道の商圏は全国に広がる。また百貨店は、競合店に競争で負けてしまうと、ひっくり返すことが非常に困難であるという。これは百貨店の場合、価格以外に店舗の大きさやブランド品などの品揃えなどの影響が大きいが、鉄道の魅力は会社の規模や車両に限らず、車窓からの景観や沿線の名所・旧跡なども大きな要因となるという。沿線などに魅力があれば、遠方からでも来てくれる点が百貨店と大きく異なると、酒井社長は考えている。

「鉄道の経営のほうが百貨店の経営よりも楽です」

酒井社長のこの言葉からは、鉄道経営を甘く見ているのではなく、鉄道とその沿線が秘めている無限の可能性を引き出したいという、強い思いが感じられた。

観光客の誘致と並行して、物販事業による増収も目指している。これは、鉄道収入を上げるには時間がかかるためであり、飲食・物販事業はその点で即効性がある。第5章で紹介する銚子電鉄は、「ぬれ煎餅」事業が好調で、鉄道事業の損失を補えるまでになっているが、秋田内陸縦貫鉄道の物販による収入は、2011（平成23）年度で2300万円。これは秋田内陸縦貫鉄道の同年度の全収入額2億3000万円の10%程度でしかない。酒井社長は、2012（平成24）年度から、レストラン事業、売店、オンラインショップなどの具体策を推進しており、これにより従来よりも関連事業収入が増えると予想している。

「こぐま亭の馬肉シチューの味は折り紙付きです。地元の方だけでなく、遠方からでも食べに来てくれます。ぜひ、食べていただいて宣伝してください」

酒井社長にこうすすめられたが、すでに、こぐま亭の閉店時間をすぎていたため、残念ながら今回は食べることはできなかった。ただ、酒井社長の熱意と味への自信は十分、感じられたので、再訪の折にはぜひ、いただこうと思う。

このように、酒井社長はなかなかのアイデアマンであり、かつバイタリティにあふれた方だった。酒井社長に会って、列車本数を維持したまま年間の赤字額を2億円以内に抑えることは、決して難しくないと確信した。酒井社長も、「大雪のため予想外の除雪費がかさみましたが、2012（平成24）年度は1億9500万円程度の赤字になるでしょう。そしてさらに利用者を増やせば、さらなる赤字額の減少も可能では」という。

2013（平成25）年2月23日の「読売新聞」朝刊によると、秋田県交通政策課が試算した2012（平成24）年度の経営状況は、2012年4～12月の鉄道収入が前年の同期比で429万円減の1億3137万円。通学利用などによる定期収入が1558万円減少の3688万円。だが、観光PRやイベントなどに力を入れた結果、定期外収入が1128万円増加して9448万円と1割以上も伸びたという。

この実績を基に試算した決算見込みでは、収入が前年度比5500万円増の2億8900万円となった。鉄道収入はわずかに減るが、阿仁合駅などの物品販売が好調であった。その結果、関連事業収入が2200万円増の4600万円となり、全体を押し上げた。

一方の経費であるが、年2回のボーナスカットなど経費削減を進めたが、除雪費の増加などから、前年並みとなった。経常損失は、前年度の2億5100万円から5500万円圧縮され、1億9600万円を見込んでいるという。酒井社長の見込みとほぼ同じ額を、秋田県交通政策課も予想していたのだ。後日、秋田県交通政策課に実際の赤字額を聞いたところ、1億9505万2000円だった。

酒井社長が観光路線化に自信を持つ背景には、年間260万人もの観光客が訪れる角館の存在が大きい。さらに周辺には、田沢湖や乳頭《にゅうとう》温泉郷といったメジャーな観光地も控える。これらを訪れる多くの観光客の中の数パーセントでも、周遊ルートとして秋田内陸縦貫鉄道沿線に足を延ばしてもらえれば、乗客を増やすことが期待できるからだろう。そのためには、角館で秋田新幹線との接続を重視したダイヤにする考えを強調していた。新型車両「スーパーこまち」への置き換えが進む今こそが、その絶好のチャンスではないだろうか。

(3) 東北活性化研究センターから見た秋田内陸縦貫鉄道

公益財団法人「東北活性化研究センター」は、2010(平成22)年6月1日に財団法人「東北開発研究センター」と、同「東北産業活性化センター」が合併して発足した組織であり、2012(平成24)年4月1日からは、公益財団法人として新たなスタートを切った。東北地域の活力向上と持続的な発展に寄与することを目的に事業を進める「調査研究・実践一体の新しい地域シンクタンク」である。

秋田内陸縦貫鉄道に関しては、山形市にある「フィデア総合研究所」と共同で、2012(平成24)年8月に秋田内陸縦貫鉄道を利用した観光客に対し、アンケート調査を6日間行なっており、秋田県の観光統計などを基に、その経済波及効果を試算している。その辺の詳しい内容を知りたく、酒井社長と会った翌日、仙台市の同センターに調査研究部長の宮曽根隆氏を訪ねた。

調査の対象は、秋田内陸縦貫鉄道を利用した観光客858人と、角館を訪れた観光客593人である。調査はアンケートや聞き取りを行なう形で実施した。経済波及効果は、秋田内陸縦貫鉄道を利用した観光客の宿泊費や土産代、飲食費などの調査結果から推計した。

その結果、秋田内陸縦貫鉄道の経済波及効果は、推計で年間6億6000万円であると公表した。その内訳だが、2013（平成25）年2月20日に実施された広域観光フォーラム「秋田内陸線を活かした広域観光を考える」（同センター刊）によれば、直接効果が3億3910万円、第1次間接効果が2億2981万円、第2次間接効果が9551万円であるという。直接効果の中でも、秋田内陸縦貫鉄道やバス運賃など運輸部門が1億6900万円でトップである。第1次間接効果の中では、宿泊費や飲食費など対個人サービスが1億2700万円でトップであった。第2次間接効果の中のトップは、食品製造業など飲食料品であり、金額は5000万円であった。秋田内陸縦貫鉄道の赤字額が年間で約2億円であるから、すでに経済波及効果（便益）のほうが赤字額を上回っている状態にあるといえる。

観光客1人あたりの消費額は1万3154円であるが、宿泊を伴う観光客は2万71円と大きく跳ねあがった。角館を訪れた観光客への調査では、秋田内陸縦貫鉄道を知らない人が半数を超えていたという。そこで宮曽根氏は、「PR次第で乗客を増やせる余地がある」と指摘する。

さらに同調査では、秋田内陸縦貫鉄道を利用または利用する予定だという人は約10％にとどまった。前記のように、角館への観光客は年間約260万人いる。もし、この割合を15％までに伸ばせれば、秋田内陸縦貫鉄道の年間利用者を、10万人以上増やすことができる。先ほど記したように、酒井社長は女性を主なターゲットにしており、女性客を引き付けることができれば、秋田内陸縦貫鉄道の活性化も難しくないだろう。

酒井社長は、歴史を武器に秋田内陸縦貫鉄道の活性化を模索しているが、東北活性化研究センターは車窓風景での活性化を模索している。県外からの観光客に対し、「里山の原風景を楽しめる内陸線」をＰＲすることを提案しており、２０１２（平成24）年11月19日には、秋田内陸縦貫鉄道のお座敷車両を使用して、企画列車を運行している。

東北活性化研究センターでは、秋田内陸縦貫鉄道の存在を知ってもらうためには、「観光に特化した特徴的な車両の導入が不可欠である」という。これは、和歌山電鐵が導入した「いちご電車」「おもちゃ電車」「たま電車」が、「知ってもらう」「乗ってもらう」に効果を発揮したことが好例として挙げられる。

筆者は、秋田内陸縦貫鉄道の場合、急行「もりよし」が観光列車の目玉になると考える。かつて急行専用車両だったＡＮ８９００形は現在、イベント・臨時列車専用となっており、その後に増備されたＡＮ２０００形もラウンジなどを備えているが、同じくイベント列車などに使用されているだけだ。これらの車両を再整備して、急行「もりよし」に充て、運行ダイヤもより観光客が利用しやすいものに変えることで、サービスの改善を図るのが望ましいだろう。

（＊1）筆者の著書。2010（平成22）年・東京堂出版刊
（＊2）桂瀬駅近くの白坂遺跡から出土した岩偶。土偶ではなく、石を彫った石像は珍しく、おおらかな表情から「笑う岩偶」と呼ばれている。北秋田市在住の陶芸家・関義孝氏が焼き物で再現した「笑う岩偶」は、秋田内陸縦貫鉄道のオンラインショップで購入できる。販売価格は2310円（税込み）。
（＊3）北秋田市脇神にある国の史跡に指定されている縄文時代の後期前半の遺跡。
（＊4）四方が山で囲まれ、平家の落人や源義経の家来が開いたという伝説が残る集落。現在では、根子トンネルが通っているが、それ以外に集落に出入りする方法がないため、完全に閉鎖された環境にある。根子は、伝統的な狩猟を行なうマタギの里としても有名であり、現在でもマタギの生活を継承している人たちがいる。

いすみ鉄道

(1) ユニーク社長の元祖

いすみ鉄道は、大原と上総中野を結ぶ全長26・8キロのいすみ線を運行する第三セクター鉄道である。大原でJR外房線《そとぼう》、上総中野で小湊《こみなと》鐵道に接続している。大原は特急列車も停車する、JR外房線沿線では比較的大きな駅だが、県庁所在地である千葉市から約45キロの距離であるにもかかわらず、千葉方面へ向かう日中の普通列車は、1時間に1本程度しかない。特急列車も1～2時間に1本である。かつては大原始発の東京行きの快速列車が設定されていたが、現在は廃止されている。

いすみ鉄道沿線の住民が東京・千葉方面へ出かけるときは、外房線の茂原《もばら》まで自家用車か「いすみシャトルバス」で行き、そこから外房線に乗り換えて向かうのが一般的である。そのほうが所要時間は短いし、始発を含め列車本数も断然多いからだ。

いすみ鉄道は、国鉄木原線を承継しているが、木原線のルーツは1912（大正元）年に大原から大多喜まで開通した千葉県営夷隅人車軌道《いすみじんしゃ》であった。夷隅川上流にある大多喜町は、江戸時代は大多喜藩2万7000石の城下町として栄え、廃藩置県後も引き続き郡役所が置かれ、行政

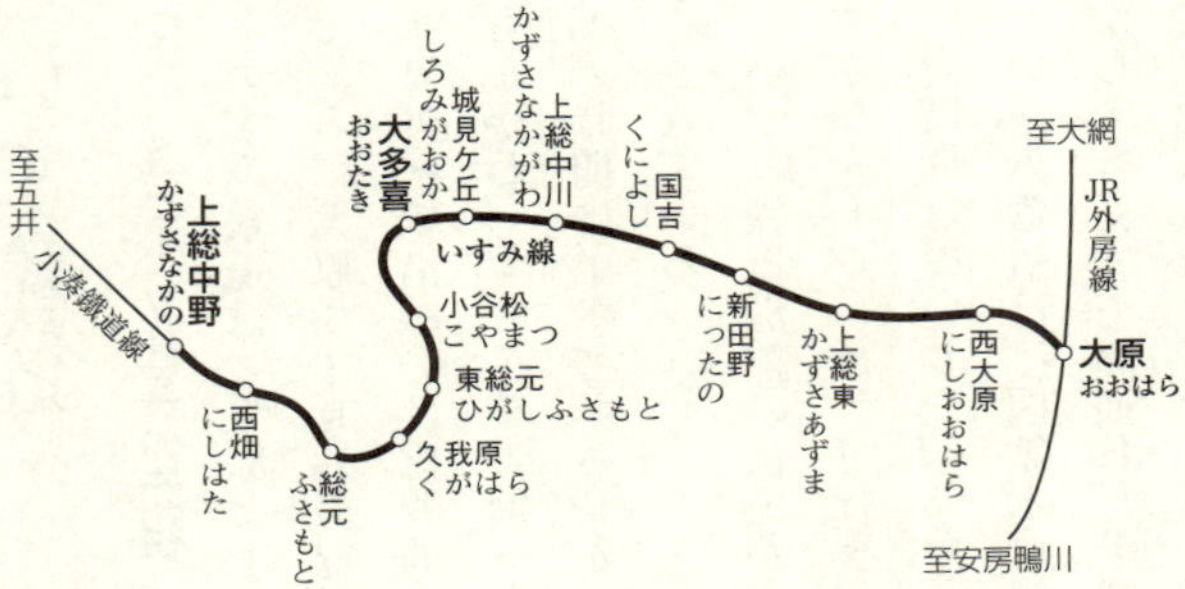

の中心地でもあった。当時は、軌間（レールとレールの幅）７６２ミリの軽便鉄道を敷設することが一般的だったが、費用対効果から人間がトロッコのような車両を押す人車軌道になったという。県営人車軌道はその後、夷隅軌道となるが、慢性的な赤字であったという。

一方、１９２２（大正11）年に公布された改正鉄道敷設法によって、木原線の建設が計画され、１９３０（昭和５）年４月に国鉄（当時は鉄道省）木原線大原～大多喜間が開業、夷隅軌道はそれに伴って廃止されている。

その木原線も、輸送密度が２０００人未満であったことから、１９８０（昭和55）年に第１次特定地方交通線に指定され、鉄道で存続させるよりもバス化が妥当であるとされた。

しかし、１９８１（昭和56）年には、「木原線特定地方交通線対策協議会」で決めた１日あたりの輸送密度２０００人が、地元の人たちの協力により達成された。それ以降は、木原線を存続させるために「乗って残そう運動」を実施。その努力が実り、1986（昭和61）年に第三セクター鉄道での存続が承認された。この当時は、「乗って残そう運動」にも勢いがあり、滋賀県を走る信楽線《しがらき》も2000人の基準をクリアしたため、第三セクター鉄道として存続している。

1987（昭和62）年4月1日に国鉄は分割民営化され、木原線はこの時点ではJR東日本に承継された。そして同年7月に第三セクター鉄道であるいすみ鉄道が設立され、1988（昭和63）年3月24日にJR東日本から木原線を承継して運行を開始している。

いすみ鉄道の現在の資本金は2億6900万円。大多喜駅構内に本社を構え、社員数は28名。いすみ鉄道オリジナルの、いすみ200・300・350形合わせて6両によってワンマン運転を実施している。このほか、JR西日本から譲渡されたキハ52形とキハ28形を各1両保有する。

開業時に導入された新型気動車いすみ100形（現・いすみ200形）は冷房を備え、国鉄時代よりもサービスは向上したが、運賃の値上げも実施された。さらなるサービス向上を図るため、1991（平成3）年に国吉駅、1992（平成4）年に総元駅の駅舎が建て替えられている。

いすみ鉄道の経営状況であるが、運行コストを削減したために国鉄時代よりも収支状況は改善された。だが、少子高齢化や生徒数の減などによる利用客の減少などの要因もあり、慢性的な赤字経営に苦しんでいた。このため、2005（平成17）年8月、いすみ鉄道の今後のあり方を協議する「いすみ鉄道再生会議」が、千葉県や沿線の大原町（現・いすみ市）・夷隅町（同）・大多喜町などによって設立される。

再生会議では、鉄道として存続させるか、バス化させるのかを費用対効果で分析したところ、バスのほうがやや有利な状況にあった。ところが、2007（平成19）年3月29日に提出された「中間報告」では、鉄道存続へ大きく傾くことになる。この傾向は同年2月1日に開催された平成18年度第3回再生会議に現れている。事務局を担当する千葉県より、いすみ鉄道存続を前提とした運行主体と運行形態についての具体的な提案があり、このときに、鉄軌道と道路の両方を走行できる新しい輸送モードであるDMV（デュアル・モード・ビークル）も検討課題として取り上げられている。

2007（平成19）年5月28日の平成19年度の第2回幹事会では、上下分離経営した際の資産のあり方が話し合われ、7月19日の第3回幹事会で関連自治体の役割分担、負担割合について協議が行なわれている。そして8月31日に開催された平成19年度第1回再生会議で、上下分離経営による存続が模索された。

しかし、いすみ鉄道で上下分離経営を導入するとなると、線路などのインフラや車両の維持・管理費、減価償却費、固定資産税などは自治体が負担することになる。2007（平成19）年10

月に出された再生会議の「最終報告書」では、自治体にインフラや車両の維持・管理に対するノウハウがないことなどから、いすみ鉄道として上下一体経営を維持するが、メンテナンス費用は自治体が負担することとした。こうして再生会議は、「２００８（平成20）年からの２年間は検証期間として鉄道を存続させるが、２００９（平成21）年度決算でも収支改善の見込みが立たない場合、代替交通手段の導入も検討する」ことを決めた。

いすみ鉄道は、２００６（平成18）年度に約1億２７００万円の赤字を計上した。そのため、同鉄道に対しては、さらなるコスト削減と増収策が求められた。

このような状況下で、いすみ鉄道の社長は、大多喜町の町長が非常勤で兼務していた。副社長は常勤であるが、千葉県からの出向者が就いていた。経営を立て直すには、役人では限界があるため、民間人を社長に据えることになった。そこで２００７（平成19）年12月から社長を一般公募し、２００８（平成20）年2月に千葉県の平和交通というバス・タクシー会社の社長であった吉田平氏に内定。旅客事業の経験とノウハウを買われて社長に就任したのである。

このような事例は、茨城交通湊線を鉄道として存続させるため、２００８（平成20）年4月1日から第三セクターとして運営する「ひたちなか海浜鉄道」でも、社長は外部から公募で選ばれ

吉田社長時代に実施した取り組み

実施項目	詳　細
ホタルウォッチングトレインの運行	2008年6月7～17日
JR東日本の「びゅう」旅行商品へのいすみ鉄道の組み込みの働きかけ	2008年夏に「ちばで夏あそび」の企画のひとつ
城見ケ丘駅の開業	2008年8月
いすみ鉄道応援ソング「黄色い列車」CDの発売	2008年10月
オリジナル煎餅「い鉄揚げ」の販売	2008年10月
いすみ鉄道1日フリー乗車券「大多喜開運切符」の発売	1000円でいすみ鉄道全線を自由に乗降が可能
東総元駅の駅舎の改良	
戦国時代に活躍した本多忠勝の模型を設置	大多喜駅
ネーミングライツの実施	乗降客数が多い大原駅と大多喜駅が年間200万円、その他の駅が100万円。枕木のオーナー期間は2年間で、1口あたり5000円

出典：いすみ鉄道HPなどを基に作成

た。やはり自治体の首長などが兼務するよりも、民間企業の出身者が経営にあたるほうが、斬新なアイデアが出るなど経営が活性化する。事実、吉田氏が社長に就任してからは、上の表に掲げたような試みを実施している。

そのひとつ「ホタルウォッチングトレイン」は、沿線の沼地にホタルが群生することから、2008（平成20）年6月に運行を開始。JR東日本の旅行商品「びゅう」では、同年夏に「ちばで夏あそび」の企画の一環として、「夏休みの鉄道員（ぽっぽや）体験」が設定された。解説付きでいすみ鉄道に全線乗車した後、保線用の軌道自転車の体験乗車などがセットされていた。

大多喜駅構内に置かれている本多忠勝の像

そして最後には認定書が交付されるという、まさに地域密着で体験型でもあり、学習型の旅行商品といえよう。

また、同年10月には、オリジナル煎餅「い鉄揚げ」の販売を開始。これは、揚げた煎餅を醤油だれなどに漬け込んだもので、現在も、大原駅・大多喜駅・国吉駅の売店で販売するほか、いすみ鉄道の「Ｗｅｂショップ」でも購入できる。

さらに、利用者のサービス向上と話題作りを目指して、1日フリー乗車券「大多喜開運切符」の発売や、大多喜駅に徳川四天王のひとりで大多喜藩の初代藩主・本多忠勝の模型の設置を行なった。開運切符は1000円で、いすみ鉄道の全線を自由に乗降できる。また、大多喜駅では「合格祈願」などと書かれた絵馬を800円で販売している。この絵馬を購入し、本多忠勝の像に必勝祈願をし、いすみ鉄道に乗車して東総元駅へ向かう。同駅は、某テレビ番組の企画で「開運造りの駅」に改築されており、ここで絵馬を奉納しておみくじを引くという流れである。これは、受験生や受験生を持つ親におすすめのコースだ。

いすみ鉄道にとっては、2008(平成20)～2009(平成21)年度の2年間は、利用者の減少が下げ止まるか、若干でも上り調子になる要素がみられるかを検証する期間でもあった。

2008(平成20)年8月9日には、上総中川から2・8キロ、大多喜から1・1キロの地点に城見ケ丘という新駅が開業した。この駅の近くには、ホームセンターの「コメリ」などもあるため、少しでも利用者を増やすための経営努力である。いすみ鉄道提供の資料によれば、城見ケ丘駅の2008(平成20)年度の年間乗車人員は7070人であったが、翌2009年度は8400人、2年後の2010(平成22)年度は9331人と増加傾向にある。

ところがアイデアマンであった社長の吉田氏が、千葉県知事選挙に出馬するため、2009(平成21)年2月に辞任、社長のポストが空席になった。吉田氏が社長に就任していた期間は、わずか10カ月であった。

そこで千葉県は、2009(平成21)年2月10日の県議会で、経営再建中のいすみ鉄道の社長に、当時48歳の植田浩副知事が非常勤で就任することを明らかにした。同年2月18日の同社臨時株主総会後の取締役会で、正式に就任した。その後、いすみ鉄道は再度、社長の公募を行ない、5月31日に123人の応募のなかから英国航空の旅客運航部長の鳥塚亮氏が内定。6月28日に開かれた株主総会と取締役会を経て、代表取締役社長に就任した。

新社長の鳥塚氏は、2009（平成21）年10月1日から「ムーミン列車」の運行を開始した。ムーミン列車は、車体にムーミンのキャラクターを描いただけでなく、ムーミンの登場人物のヘッドマークも取り付けており、いすみ鉄道沿線の里山を、日本の平和なムーミン谷に見立て、観光客の増加による利用促進を狙うことになった。

(2) いすみ鉄道の経営状況

本項では、いすみ鉄道の経営状態を乗降客数の推移と収支状況の推移でみていきたい。

乗降客数の推移については、44ページの表で示したとおり、2008（平成20）年度と2009（平成21）年度が検証期間であるということは、基準となるのは2007（平成19）年度である。表のとおり、定期券客の減少には歯止めがかかっていないが、普通客は2008年度と2009年度はともに伸びており、この傾向は2010（平成22）年度以降も変わっていない。20

いすみ鉄道の乗降客数の推移

（　）は、対2007年度比、単位は人

年度	普通客	定期客	合　計
1988年	252,385	868,256	1,120,641
1989年	239,632	858,874	1,098,506
1990年	239,975	843,098	1,083,073
1991年	227,156	778,346	1,005,502
1992年	240,299	721,574	961,873
1993年	239,778	684,408	924,186
1994年	244,496	653,487	897,983
1995年	225,856	643,494	896,350
1996年	226,185	577,800	803,985
1997年	208,858	559,500	768,358
1998年	193,869	519,900	713,769
1999年	192,217	483,660	675,877
2000年	167,220	463,080	630,300
2001年	153,990	450,120	604,110
2002年	142,742	396,540	539,282
2003年	149,656	366,660	516,316
2004年	124,079	334,740	458,819
2005年	122,117	331,620	453,737
2006年	122,517	377,460	499,977
2007年	128,508（100）	355,260（100）	483,768（100）
2008年	143,246（111.5）	296,580（83.5）	439,826（90.9）
2009年	135,243（105.2）	270,480（76.1）	405,723（83.7）
2010年	142,800	253,440	396,240
2011年	152,157	257,520	409,677

出典：いすみ鉄道提供資料を基に筆者が作成

09年4月に普通運賃を値上げしているにもかかわらず、普通客が増加傾向に転じたことは、いすみ鉄道が行なっている積極的な経営が評価されつつあるといえる。

45ページの表には、いすみ鉄道の収支状況を示した。1989（平成元）年度は、3％の消費税が導入されたため、運賃も増収になったが、経費も増加してしまった。いすみ鉄道の経常収益は、1992（平成4）年に一度、ピークを迎える。これはバブル期であったことや、第二次ベビーブームの世代が高校への通学で利用したこと

いすみ鉄道の収支状況の推移　（　）は、対2007年度比、単位は千円

年度	経常収益	経常費用	経常損益
1988年	190,008	237,559	-47,551
1989年	199,752	264,306	-64,554
1990年	195,875	281,268	-85,393
1991年	202,772	298,226	-95,454
1992年	207,524	338,276	-130,752
1993年	191,690	290,407	-98,717
1994年	185,276	293,750	-108,474
1995年	177,201	307,105	-129,904
1996年	161,453	311,516	-150,063
1997年	165,957	305,933	-139,976
1998年	151,141	286,451	-135,310
1999年	148,676	267,552	-118,876
2000年	147,057	266,438	-119,381
2001年	130,299	262,988	-132,689
2002年	114,348	289,829	-175,481
2003年	118,365	272,280	-153,915
2004年	109,492	268,493	-159,001
2005年	108,064	253,407	-145,343
2006年	130,091	257,943	-127,852
2007年	115,347（100）	217,382（100）	-102,035　（100）
2008年	136,583（118.4）	264,399（121.6）	-127,816　（125.3）
2009年	140,282（121.6）	286,067（131.6）	-145,785　（142.9）
2010年	214,269	338,080	-123,811
2011年	197,060	347,205	-150,145

出典：いすみ鉄道提供資料を基に筆者が作成

が主な要因である。

バブル崩壊後は、経常収益も下り坂になるが、１９９７（平成９）年度は久々に対前年比で増加に転じた。これは消費税率が５％に引き上げられたことに伴う運賃の改訂が要因であるが、バブル崩壊後は経常収益が減少する半面、経常費用は増加することになる。それ以降は、第二次ベビーブーム世代が高校を卒業したこともあり、通学需要が減少の一途をたどったために、列車本数を削減することで経常費用を削減する方策を採用するようになる。だが列車本数を削

減して経常費用を圧縮する方策は、経常収益も減少させることにつながった。

そこで２００６（平成18）年のダイヤ改正からは、列車の増発を行なったため、経常収益は増加に転じたが、経常費用も増加するようになった。

最近の傾向として、民間人社長が就任した２００８（平成20）年度から経常収益が増加傾向にあるといえる。これは同年には、城見ケ丘駅の開業や「い鉄揚げ」などのオリジナル商品を開発・導入したことが要因として挙げられる。そして２００９（平成21）年に鳥塚氏が社長に就任すると、関連事業などの商品開発はさらに進み、２０１０（平成22）年にはバブル期を抜いて、経常収益は会社創業以来の最高値を記録した。そのため、検証期間だった２００８（平成20）～２００９（平成21）年度は、基準となる２００７（平成19）年度と比較して経常収益は大幅に増加したため、会社の存続が決まったのである。

だが、２０１１（平成23）年3月11日に発生した東日本大震災の影響もあり、同年度は利用者が減少したため経常収益も減少。そのうえ、地震の被害からの復旧費などが生じたため、経常費用は増加するという結果となった。それでも基準となる２００７（平成19）年度と比較しても、経常収益は大きく上回っており、利用者の減少による減収というスパイラルから脱出できずにいる地方民鉄や第三セクター鉄道が多いなか、利用者数や経常収益が増加に転じた貴重な事例であるといえよう。

(3) 動く保存鉄道へ

いすみ鉄道は、観光鉄道化を模索している。観光鉄道化という考え方は、吉田前社長時代に始まり、鳥塚社長になって、さらに鮮明化している。

2012(平成24)12月20日。筆者は、そんないすみ鉄道の現状を探るため、いすみ鉄道の本社へ向かった。JR外房線の普通列車に乗り、13時24分、大原駅に降り立つと、駅前は閑散としており、あまり活気が感じられない。いすみ鉄道の大原駅構内の売店には、キハ52形やキハ28形がデザインされたTシャツやカップなど、いすみ鉄道でなければ購入できない商品で溢れかえっていた。売店の方に聞いたところ、休日ともなれば東京などから多くの人が訪れ、購入するという。

13時50分発の上総中野行きでいすみ鉄道の本社がある大多喜に向かうのだが、折り返しの上総中野からの列車が13時35分に到着すると、当日が高校の終業式であったこともあり、2両編成の気動車からは高校生が大勢降り立った。一方、上総中野に向かう列車は、13時38分に外房線の安房鴨川方面からの列車が到着したにもかかわらず、1ボックスに1名程度の乗客である。定刻、列車は千葉方向に向けて動き出すと、外房線を右に見て、左に進路を変える。所々で小高い丘を越えるが、沿線は、収穫を終えた水田を中心に房総半島の穏やかな風景が広がっている。

いすみ鉄道のダイヤは、平日は普通列車だけであるが、前記のキハ52形を使用して、2011（平成23）年4月から、土・休日に大原～大多喜間で急行列車の運行を開始した。急行料金は300円（座席指定は別途300円）。急行券は昔ながらの硬券が使用されている。筆者も乗車したことがあるが、車内にはレトロな広告も掲げられ、昭和40年代にタイムスリップしたかのようだ。座席脇のテーブルに備わっている栓抜きを体験できるようにと、急行列車の車内や大原駅などの売店では、瓶入りのコーラやジュースを販売している。

急行列車にはキャビンアテンダントが乗務しており、車内放送を行なう際はオルゴールを鳴らし、停車駅と到着時刻だけでなく、沿線の観光案内も行なう。またサービスの一環として、検札時には硬券に鋏を入れるなど、気分はまさに国鉄時代の急行列車の旅であった。

大原駅から約30分で大多喜駅に到着。いすみ鉄道の本社がある大多喜は、古くからの城下町である。駅の西側には大多喜城址があり、現在は県立大多喜高校が建っている。大多喜高校は、かつての藩校の流れを汲んでおり、その伝統もあるせいか、生徒たちは駅舎の清掃などで積極的にいすみ鉄道を支えているという。

いすみ鉄道活性化への４つの取り組み

項目	詳細
オリジナルグッズや地元産品などの販売	国吉駅（ムーミンショップ）、大多喜駅、大原駅に直営店舗を開設
	直営店舗を基地としたオンライン通販
	首都圏および県内におけるイベントへの出店
観光列車による利用促進	第１弾：「ムーミン列車」の運行
	第２弾：キハ52使用の観光急行の運行
	ホタルウォッチングトレイン、クリスマスイルミネーショントレインなど
サポーター・オーナー制度など	駅名ネーミングライツ、花壇オーナー、枕木オーナー
	キハ車両オーナー、サポーターなど
	訓練費用自己負担の運転士訓練生の募集・養成
情報発信	社長ブログ発信、通販にチラシ情報を同封、百貨店催事進出

出典：いすみ鉄道提供資料を基に作成

駅前には観光案内所があり、名所・旧跡が多いこともあり、周辺をハイキングする人も多いという。駅構内にはいすみ鉄道の車庫があり、運行上も重要な拠点となっている。本社も駅舎の中にあり、ここで高橋総務部長に会って話を伺った。

高橋部長は開口一番、「少子高齢化や過疎化の進展もあり、利用者は右肩下がりでした。そのうえ、沿線自治体の財政難も加わり、通勤・通学だけではじり貧になることはわかりきっていたので、観光路線化という考え方が出てきました」と、話してくれた。吉田前社長が取り組んだ「ホタルウォッチングトレイン」やオリジナルブランドの商品開発も観光鉄道化の一環であるという。

さらに高橋部長は、「2009（平成21）年に就任した社長の鳥塚は、オリジナルグッズや地元産品などの販売、観光列車による利用促進、サポーター・オーナー制度、情報発信、この4点を重点的に取り組むことにしました」という（49ページの表参照）。

筆者は、オリジナルグッズの売り上げや、ネーミングライツにも関心があった。そこでその旨を高橋部長に聞くと、「コンビニなどで販売されている商品を仕入れて売るだけでは、当社の駅構内の売店で買う必要はありません。そこで自社限定のプライベートブランドの商品を投入するようにしました。これは〝コインの商売〟から、〝札の商売〟への転換です。売り上げの目標を、1カ月500万円と定めましたが、初年度である2008（平成20）年度は450万円、2年目の2009（平成21）年度は600万円となり、2年目で目標をクリアしました」とのことだった。

ネーミングライツに関しては、2008（平成20）年12月に、鉄道名と駅名の命名権の販売を行なうネーミングライツの募集を開始し、2009年1〜3月に枕木オーナーを募集したという。鉄道名は年間3000万円、契約期間が最低5年で販売される。駅名のほうは、乗降客数が多い大原駅と大多喜駅が年間200万円、その他の駅が100万円になるという。駅名については現在、国吉・大多喜・久我原の3駅が契約済みとなっている。

枕木のオーナーに関しては、期間は2年間である。1口あたり5000円を出資するとオーナーになれる。枕木オーナーになれば、大多喜駅構内などの枕木にプラスチック製のオーナープレートを設置してもらえるとのことであった。

筆者は、キハ52形を保有していたいすみ鉄道が、さらにキハ28形を導入する経緯が知りたかったので、その理由を高橋部長に聞いてみると、「キハ52は1両しかないため、15名程度の団体客であっても対応しづらかったことがある」とのこと。キハ28形が加わることで、いすみ鉄道は積極的に団体客などを取り込みたいと考えている。そのキハ28形は、２０１３（平成25）年3月から営業運転を開始している。

観光急行に使用されるキハ52形やキハ28形は、製造が中止になってから40年以上が経過しており、メンテナンス用の部品の確保が問題となる。いすみ鉄道では、部品が壊れると自社で製造する形で対応しているという。筆者も、5年程度は運行が継続できると思ったが、それ以降はどうなるのか気になった。

「キハ52は導入から4年後に全般検査を迎え、それから4年後に重要部検査を迎えます。さらに4年後に全般検査を迎えることになるため、12年後に再び訪れる全般検査時に費用がかかりすぎるようなことになれば、静態保存になる可能性もあります」

高橋部長の言葉どおり、一鉄道会社、それも地方の第三セクター鉄道が、製造から半世紀以上

キハ52形とキハ28形の２両編成で運転される急行列車。撮影：交通新聞社

たった気動車を独自で運行・維持・管理するのは並大抵のことではないだろう。

なお、いすみ鉄道では現在、キハ52形の運行を支援する「昭和の国鉄形気動車オーナー・サポーター」を募集している。

２０１３（平成25）年３月16日のダイヤ改正から、急行列車は下りが３本に増発された。上りは、大多喜８時29分発の大原行き快速列車が設定され、この列車は大原に到着すると急行列車として折り返す。この改正で急行列車は、キハ28形を加えた２両編成となり、２往復は運転区間が大原〜上総中野間に延長された。ただし、急行区間は大多喜までで、大多喜〜上総中野間は各駅に停車する普通列車となる。このダイヤ改正から急行列車の停車駅が増えるとともに、上総中野で小湊鐵道に接続するなど、利便性も向上した。

もうひとつ、いすみ鉄道が実施しているユニークな試みとして、訓練費用自己負担の運転士訓練生の養成がある。その理由のひとつに運転士の不足がある。

いすみ鉄道の運転士は従来、JR東日本からの出向者で対応していたが、同社千葉支社管内で気動車を運行している線区は久留里《くるり》線しかないうえ、運転士の高齢化が進み、現職を出向として採用することが難しくなったという。いすみ鉄道自体も、新卒者を採用して給料を払いながら運転士を養成するゆとりがなかったという。

その一方で、700万円を負担してでも運転士になりたいと思う人がいると、鳥塚社長は考えた。国家試験に合格すれば、気動車運転士の資格が得られ、運転士への道が開ける。ただ、実際に運転士訓練生として採用するとなると、700万円も徴収するため、安易な考えで応募されても困る。そこで1期生の採用に際しては、社長自ら2回の説明会を開き、説明会に応募した45名のなかから、趣旨を理解した6名が受験し、4名を訓練生として採用したそうだ。

以上の話を聞き、訓練費用自己負担の運転士訓練生という取り組みは、いすみ鉄道にとって最も単価の高い重要な企画商品であることを実感した。これもまさに〝札の商売〟である。

筆者が訪れた12月20日は、クリスマスの直前だったため、クリスマスイルミネーションの一環として、車内や駅構内などが装飾されていた。とくに国吉駅では、地元商店街がいすみ鉄道応援団を作り、駅のイルミネーションや各種イベントを展開しているという。地域でいすみ鉄道を支えようとする意気込みが感じられる。高橋部長によると、「国吉駅では、JR東日本から譲り受けたキハ30を展示することにしている」という。そのキハ30形であるが、２０１３年（平成25）年7月にいすみ鉄道に聞いたところ、運行する予定はなく、現在は同駅で静態保存されている。

いすみ鉄道に来れば、国鉄時代を彷彿とさせる列車の旅が体験できるほか、かつて久留里線を走っていたキハ30形も見ることができるようになった。さらに、キハ28形の車内で本格的なイタリアンがいただける特別列車「イタリアン・ランチクルーズ・トレイン」を運行するなど、新企画も次々と登場している。貴重な鉄道遺産でもある保存車両を有効活用した観光鉄道として、新たな道を進み始めたいすみ鉄道に、今後も注目していきたい。

第2章

第三セクターのイベント列車

明知《あけち》鉄道

(1) 明知鉄道の概要

岐阜県の明知鉄道は、恵那と明智を結ぶ全長25・1キロの明知線を運行する第三セクター鉄道である。恵那でJR中央本線に接続している。

明知鉄道の前身は国鉄の明知線。当初の計画では静岡県の掛川《かけがわ》を起点に、二俣《ふたまた》、愛知県大野、静岡県浦川、愛知県武節《ぶせつ》を経て、岐阜県大井(現・恵那)に至る鉄道となっていた。掛川〜二俣間は、戦時中に二俣線(現・天竜浜名湖鉄道)として開業している点が興味深い。大井〜明知間は、当時の岐阜県選出の政友会[*1]の衆議院議員・古屋慶隆が、熱心に敷設活動を行なったことにより建設が決定した。この区間は、1933(昭和8)年5月24日に大井〜阿木間の10・0キロが開業し、翌年1月26日に阿木〜岩村間の5・0キロが延伸開業している。岩村は、鎌倉時代からの城下町で、江戸時代には岩村藩が置かれ、3万石の城下町として栄えた歴史がある。1871(明治4)年の廃藩置県では、岩村県が設置された土地である。

1934(昭和9)年6月24日には、岩村〜明知間の10・2キロが延伸開業し、明知線が全線開業している[*2]。もし掛川〜恵那間に鉄道が敷設されていたとすれば、飯田線や身延線のように東海道本線と中央本線を連絡する路線として機能したかもしれない。

１９５７（昭和32）年、明知線の将来を暗示させる出来事が起きた。戦時中に不要不急の路線として「休止」になっていた福島県の白棚《はくほう》線は、その軌道敷がバス専用道路に改築され、国鉄バスの白棚線として開業した。バス専用道となった白棚線は、国鉄が高速バスを導入する際の試験場としても活用された。翌年に国鉄は、慢性的な赤字であった明知線もバス専用道路に改築し、バスへ転換することを検討した。この構想は勾配の問題などから中止されたが、１９６８（昭和43）年には国鉄総裁の諮問機関である諮問委員会より「赤字83線」として廃止が提言された。この当時は、転換交付金などが支給されなかったことから、赤字83線に指定された沿線住民の猛烈な反対にあい、北海道の根北《こんぽく》線や兵庫県の篠山《ささやま》線など、一部の路線が廃止されただけであった。

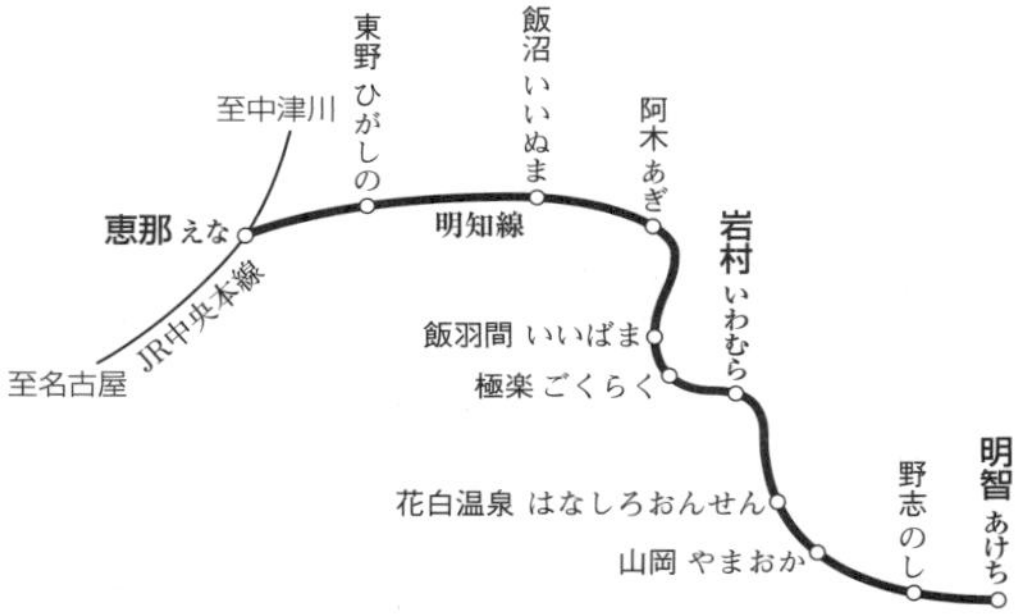

その後、１９８０（昭和55）年に国鉄再建法が成立し、明知線は特定地方交通線に指定。特定地方交通線に選ばれた路線は、国鉄線としての使命を終え、バスへの転換が妥当であるとみなされ

た路線である。翌年には第1次廃止対象路線となったが、今回はバスや第三セクター鉄道へ転換する場合、1キロあたり3000万円の交付金が支給されるうえ、特定地方交通線の指定から2年が経過した段階で協議会の意見がまとまらないときは、国鉄が一方的に路線を廃止できるようになった。

そうなると明知線の沿線自治体は、交渉のテーブルに着かざるを得なかった。転換交付金が支給されることもあり、沿線自治体は第三セクター方式での存続を望んだ。こうして1985（昭和60）年5月に第三セクターの明知鉄道が設立され、同年11月16日に営業運転が開始された。このとき、「明知駅」が「明智駅」と改称されている。これは戦国時代の武将で、智将として名を馳せた明智光秀の誕生の地でもあったことが影響している。

転換後は、燃費がよく冷房完備の新型アケチ10形気動車を導入してサービス向上を図った。また、転換後に飯沼・野志・極楽の3駅を新設した。

1991（平成3）年10月に開業した飯沼駅は、明智へ向けて上り33・0パーミル（千分率。水平1000メートルに対して33メートルの上り）、日本で最も勾配が急な駅である。1994（平成6）年12月に開業した野志駅も、明智へ向けて下り30・0パーミルの急勾配の途中に設けられたため、この両駅は当時の運輸省（現・国土交通省）の特認を受けている。極楽は、飯羽間〜

岩村間に2008（平成20）年12月に開業した駅であり、ホームにはお地蔵さんが設置されている。

　このように、明知鉄道は急勾配が連続することから、車輪とレールの粘着性を維持するため、全車両に砂を撒く装置が付いている。そしてその砂は、「滑り止め」として合格祈願の企画乗車券として販売されている。


　明知鉄道は通学輸送を中心としたローカル輸送が基本であるが、「寒天列車」「きのこ列車」などのイベント列車を企画・運行しており、2011（平成23）年3月17日からは急行「大正ロマン号」を運転している。明知鉄道の急行列車は、通過駅があるとはいえ、普通列車と同じ車両を使用していることもあり、急行料金は徴収していない。

　普段は、利用者が通学の高校生などに限られることもあり、2010（平成22）年3月に岩村～明智間で、DMV車両を用いた試験が実施されている。しかし、DMVは輸送定員が少ないため、朝夕のラッシュ時にまとまった乗客があると、積み残しを出す危険性がある。また、2月上旬～3月上旬の日曜日に実施される岩村の造り酒屋の酒蔵開きと、10月下旬～11月下旬の紅葉の季節は、明知鉄道にとっては輸送のピークとなる。このときは、6両しか所有していない車両をフルに活用して、観光客輸送に対応するという。そのような事情から筆者は、明知鉄道では、DMVの導入は難しいと考えていた。実際、話を伺うと、気動車の運転免許と大型二種の自動車免許が必要となるうえ、乗務員の訓練費用もかさむことになるため、明知鉄道も難色を示している。

2013（平成25）年2月10日、筆者は後出の寒天列車に乗るため、明知鉄道を訪れていたが、この日はちょうど、岩村の造り酒屋の蔵開きが始まった日で、100円で猪口を買えば日本酒が飲み放題になるというイベントが実施されていた。当日、輸送の陣頭指揮を担当していた丸山専務によると、お酒がからむイベントだけに「社員総出で安全な輸送を維持することに努めています」とのこと。そしていつでも救急車が出動できるよう、消防署と連絡を密にしているという。もしDMVを導入していたら、観光のピーク時には積み残しが出ていただろう。

明知鉄道の今後だが、開業以来使用されている1両の車両の老朽化が進んでおり、2015（平成27）年を目途に新型気動車を導入したいとしている。また他社で実施している上下分離経営や枕木オーナー制は、検討を開始した段階だが、つり革オーナー制については、2013（平成25）年6月から開始した。また、2012（平成24）年12月10日〜2013（平成25）年2月28日の間、ヘッドマークネーミングライツを募集していた。2013年3月1日〜4月3日の間には、その第6弾として「いわむら城下町のひなまつり」をアレンジしたヘッドマークを掲げて運行された。

(2) 積極的なイベント列車の運行

明知鉄道では、食に関係したイベント列車を多数、運行している。春は「山菜列車」、夏は「あゆ列車」、秋は「きのこ列車」、冬は「じねんじょ列車」などと、季節に合わせて、その時期の旬の食材をメインにした料理が提供される。

このような食に関係したイベント列車のなかで、最も歴史があるのが、1987（昭和62）年から運行を開始した「寒天列車」である。

寒天列車の運行を開始した経緯は、沿線の恵那市山岡町が天然細寒天の国内生産量の90%以上を占めており、沿線の山岡町だけでなく明知鉄道の社内からも、「車内で乗客に食べていただけるようにしたらどうか」という意見が起こったからという。

山岡町は、冬の日中の気温は10度ぐらいまで上がるが、夜間から明け方にかけては氷点下15度ぐらいまで冷え込む。寒暖差が大きいうえ、降水量が年間を通して少なく、冬の降雪量も多くない。寒天を製造するには、寒い冬の夜間に屋外で干さなければならず、それゆえ山岡町が寒天の製造に適しているという。天草などの海藻が原料のところてんを乾燥させて製造する寒天は、ノ

大きなヘッドマークを掲げて運転される急行「大正ロマン号」

ンカロリーで食物繊維が豊富なため、健康食品として人気がある。

そんな寒天列車が好評であったことから、1996（平成8）年9月からはきのこ列車、1998（平成10）年4月からは山菜列車、2001（平成13）年12月からはじねんじょ列車の運行を開始した。さらに2013（平成25）年1月からは、「塩こうじ列車」の運行を開始。明智駅の近くで操業しているマルコ醸造の塩麹を用いて、明智ゴルフ場が料理を開発し、車内で提供している。

これらイベント列車に乗車するには、乗車日の5日前の15時までに申し込む。料金は、イベント列車によって異なるが、4000〜5000円[*3]。これには明知鉄道の1日乗車券が含まれる。イベント列車の定員は30名、7名以上の申し込みがなかったときは運転されない。7名以上という人数は、料理を委託している店の調理人や配膳係が乗車しないといけないからだ。じねんじょ列車では、車内で調理人が自然薯をすり鉢でおろして提供することもあるという。

現在、イベント列車は、月曜日を除いて運転されている恵那駅12時45分発の急行「大正ロマン1号」に増結されて運行されている。市販の「JR時刻表」などにも、食堂車のマークと、その旨の案内が記されている。

2013（平成25）年2月10日、筆者は寒天列車に乗車した。乗客は筆者を含め5名、ほかにじねんじょ列車の乗客が16名いたので、合わせて21名がこの日のイベント列車の乗客だった。

イベント列車の車両は、明智駅11時45分発の急行「大正ロマン2号」に増結され、恵那駅まで回送される。車内は普通のロングシートだが、テーブルがセットされ、明智駅で積み込まれた料理が並べられていた。イベント列車は合同で企画されることがあり、寒天列車とほかの列車が、同じ車両で運行されることもある。

発車するとすぐに、添乗している調理人や配膳係の方から料理の説明が行なわれる。イベント列車は酒類の車内持ち込みもできるので、ある男性グループは、さっそく持参したビールで乾杯

「寒天列車」で提供される、三段重ねの豪華な料理

していた。

イベント列車にはアテンダントも乗務しており、車窓案内が行なわれる。イベント列車の運行日以外は、予約受付などの仕事をしているという。13時38分に明智駅に到着した後は、車内の後片付けを行なうなど、ひとりで何役もこなしているのだ。車窓からは、水田や竹林の向こうに恵那山だけでなく、遠くには木曽山系の山々も望める。とくに冬は山々が雪化粧するため、美しい車窓風景が料理の味を一層、引き立ててくれる。

寒天列車の車内で提供される寒天は、三段重ねの懐石料理風になっており、前菜からメイン、デザートまで見事に調理されている。とくに寒天の刺身は、手間のかかった一品だった。溶かした寒天を型に入れて冷やし、その上から鮭のそぼろや青のりをふりかけて、海の幸風に見せている。帆立貝とエノキ茸をゼリー寄せならぬ寒天

イベント列車にはアテンダントが乗務し、沿線の観光案内などを行なう

寄せとし、金箔をのせて加賀料理風に仕立てている一品もあった。

寒天列車の乗客は、筆者を除き、家族連れの4名で、そのうちのひとりは小学生だった。じねんじょ列車の乗客は、50歳以上の年配者が多く、ご夫婦で参加している人もいた。筆者の隣に座ったじねんじょ列車のご夫婦は、料理が異なっていることに最初は驚いていたが、きれいに盛り付けられた寒天料理を見て、「食べてみたいね」「次は寒天列車に乗車したいわ」と感想をもらしていた。筆者もじねんじょ列車で提供される料理の写真を撮らせてもらった。こちらは4000円と寒天列車よりも1000円安いが、甘露煮にした鮎がおいしそうだった。

寒天列車は現在4月下旬～9月初旬の運行となっており、このほか季節ごとに山菜列車、あゆ列車、きのこ列車、じねんじょ列車、塩こうじ列車などが運転される。

筆者自身は、寒天をメインにした料理を食べさせてくれるようなところがほとんどないため、明知鉄道の寒天列車は大変気に入っている。じねんじょ列車のほかの男性からも「山岡町が寒天の名産地であり、料理も豪華なので、次回は寒天列車に乗車したい」という声が聞かれた。アテンダントの説明では、乗客は地元や名古屋の人が多いが、最近では遠方からの参加も多いそうだ。この日も、東は東京・横浜、西は広島からの参加者もいたという。

これらのイベント列車を運行することで得られる明知鉄道の収入は運賃だけなので、決して採算性の高いイベントとはいえない。それでも、こうしてリピーターが増え、鉄道と沿線が活性化される意義は大きい。イベント列車に乗車すると、1日乗車券以外に「日本大正村」の資料館や「花白温泉」の割引券がもらえる。日本大正村は、店舗や資料館などが軒を連ね、街並み全体が大正時代の雰囲気を伝える。花白温泉は、花白温泉駅前にある日帰り温泉施設。泉質はラジウム泉で透明度が高い湯が特徴。旧城下町の岩村を散策するのも楽しい。

明知鉄道ではほかにも、明智駅構内で気動車の体験運転の講座や、7～8月には「ビール列車」の運行などを行なっている。気動車の体験運転は、初回は1日かけて実施するため、料金は昼食付きで6000円、2回目以降は午後からで5000円。

明知鉄道では、列車交換設備のある駅が岩村しかないため、イベント列車を特別に運行することは難しく、定期列車に増結という形で運行せざるを得ない。寒天列車などは、急行「大正ロマン号」に増結されるが、ビール列車は、乗客が好む時間の定期列車に増結して運転されるという。最少催行人数は15名であり、団体の申し込みが多いそうだ。料金は、料理の内容によって3500円と4000円。車内では生ビールが飲み放題になるという。

このように、明知鉄道沿線には観光資源が多くあることや、名古屋からも近いことから、これらの観光資源とイベント列車を結び付ければ、さらに利用者を増やすことが可能ではないだろうか。

（＊1）戦前は、民政党と政友会という二大政党が、政権をかけて争っていた。民政党は都会出身の議員が多かったため、政権を取ると鉄道の改軌論を主張した。一方の政友会は、地方出身の議員が多かったことから、政権に就くと不採算なローカル線の建設が進んだ。そんな民政党と政友会の争いも、1940（昭和15）年の第2次近衛文麿内閣のときに「大政翼賛会」という形で統合され、戦前の日本から政党政治が消えた。

（＊2）それ以前から岩村～大井間には、1906（明治39）年に岐阜県で最初の私鉄である岩村電気軌道が開業していた。だがルートなどが重なったため、1935（昭和10）年に岩村電気軌道は廃止になっている。

（＊3）2013（平成25）年度からは、従来よりも値下げしたイベント列車を運行している。4月は「おばあちゃんのお花見弁当列車」、5月は「おばあちゃんの山菜弁当列車」という名称で、料金は、1日乗車券込みで2900円。

樽見《たるみ》鉄道

(1) アイデアマンだった初代社長

岐阜県の樽見鉄道は、大垣と樽見を結ぶ全長34・5キロの樽見線を運行する第三セクター鉄道である。大垣~神海間の23・6キロは国鉄の樽見線で、特定地方交通線として第1次廃止対象路線に指定され、1984(昭和59)年10月6日に転換された。神海~樽見間の10・9キロは、転換後の1989(平成元)年3月に開業している。

樽見線がこのように旅客需要が少なかったのは、学区制の関係が影響していた。当時、樽見線沿線の生徒は、大垣市にある公立高校へ進学できなかったからだ。私立の岐阜第一高校は沿線の北方真桑にあるため、本巣方面からだけでなく、大垣方面からの通学需要はあったが、バスでも対応が可能であった。

一方、樽見線沿線には住友大阪セメント(当時は住友セメント)の岐阜工場があったことから、国鉄時代から大垣~本巣間には貨物列車が運行されていた。トラックでセメントを運べば、道路交通渋滞などを激化させるだけでなく、かつ輸送力が小さいために輸送コストが割高になるため、鉄道輸送のほうが有利になる。それゆえ、旅客輸送密度は低くても、貨物輸送という使命があったため、第三セクター方式で鉄道として存続することになった。

一般的に第三セクター鉄道の主要株主には、県や沿線の自治体が名を連ねるが、樽見鉄道の主要株主には、西濃《せいのう》鉄道と住友大阪セメントが挙げられる。西濃鉄道は、大垣市に本社を置く貨物輸送を専業とする会社であり、樽見鉄道の株式の50・8％を保有する。樽見鉄道を利用してセメント輸送を行なっていた住友大阪セメントは、現在も24・0％の株式を所有する。岐阜県の出資割合は12・0％である。

樽見鉄道の現在の資本金は1億5000万円だが、設立時は1億円であった。初代社長には、国鉄名古屋駅の駅長を務めたこともある林鍵治氏が就任した。林社長は、なかなかのアイデアマンであり、樽見まで延伸開業すると「うすずみファンタジア号」の運行を開始した。この列車は、床を高くしたハイデッカー式の展望車両を、ディーゼル機関車が牽引していた。筆者も乗車したことがあるが、眺望はよかったものの、貨車を改造した車両だ

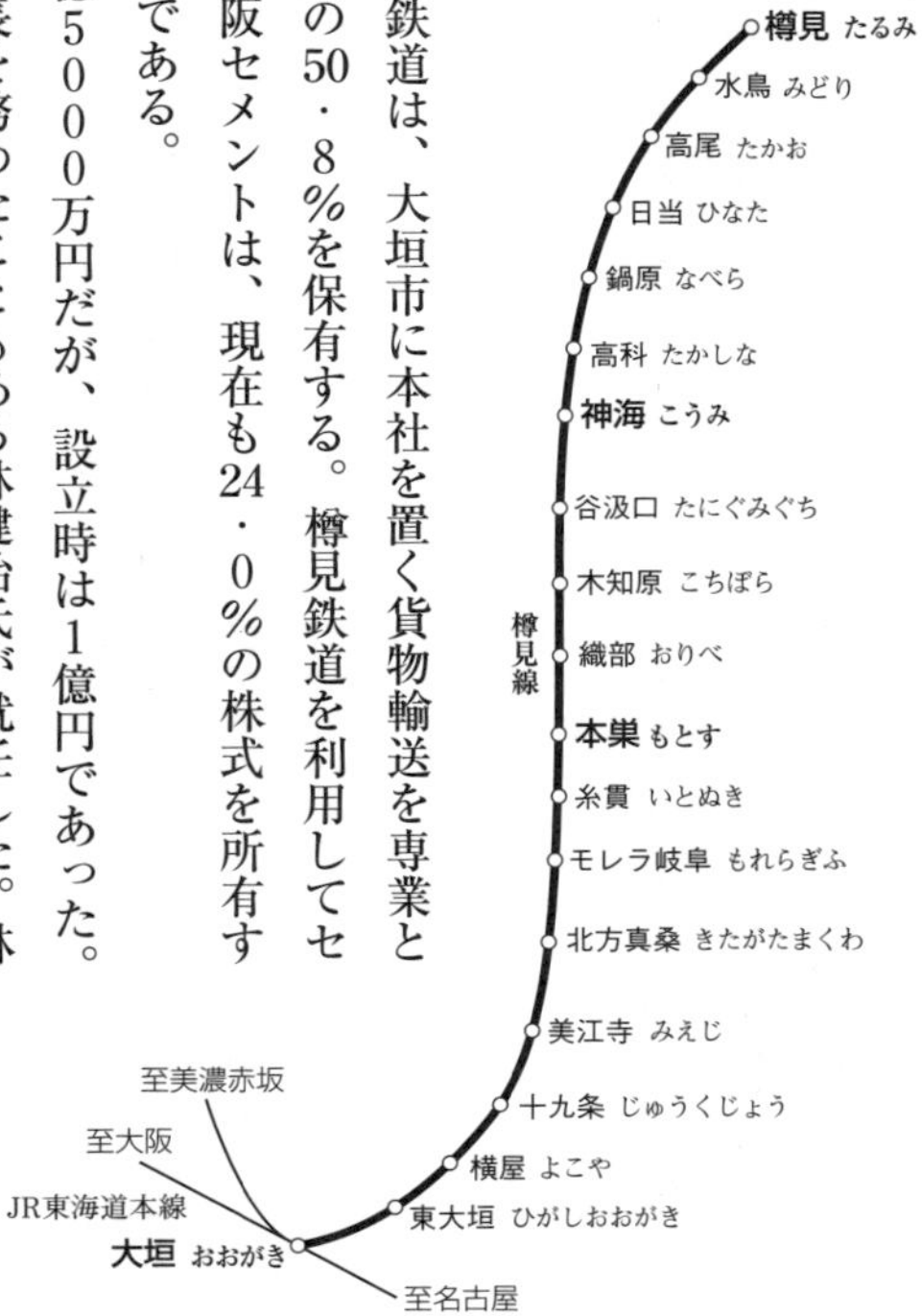

ったので、お世辞にも乗り心地がよいとはいえなかった。臨時列車で運転されたりしていたが、貨物輸送が廃止になって機関車が不要になったこともあり、２００４（平成16）年の運行を最後に引退した。

これ以外にも、初夏から秋にかけて薬草弁当を味わってもらう「薬草列車」を運行した。この薬草列車は健康ブームにものって今日まで続く人気列車であり、5～11月の毎週木・金曜日に運行されている。同じく、第三セクター鉄道の明知鉄道が「寒天列車」の運行をしていることにヒントを得て、樽見鉄道が薬草列車を始めたことから、その後、養老鉄道において「薬膳列車」を運行するなど、岐阜県の他の第三セクター鉄道や民鉄も「乗って、食べて」の企画が相次ぐようになった。

(2) しし鍋列車・薬草列車・歌声列車

筆者は、２０１３（平成25）年1月24日、樽見鉄道の「しし鍋列車」に乗車した。しし鍋列車は、薬草列車と並ぶ、同鉄道の名物列車である。しし鍋列車に乗車する人には、事前に案内の手紙と1日乗車券が郵送されており、当日、持参して大垣駅のホームにある事務室で係員に見せることになる。そして大垣駅を12時7分に発車する樽見行きに本巣駅まで乗車。この普通列車は、

「しし鍋列車」で提供される料理。しし鍋は温かいまま車内に運ばれる

1両編成で運転されていたが、乗客は1ボックスに2～3人。昼すぎの列車にしてはまずまずの乗車率ではないだろうか。

本巣駅で樽見行きの列車は5分間停車する。ここで列車の前方に、しし鍋列車として使用する車両を連結する。しし鍋列車や薬草列車などは、昼間の車両の有効活用も兼ねた増収策である。最少催行人数は25名となっているが、この日のしし鍋列車の乗客は筆者も含め27名だった。平日の昼間ということもあり、大半が年配の方であり、男性より女性のほうが多かった。

しし鍋列車の車内にはテーブルが配置されており、猪肉と野菜などが入った味噌仕立てのしし鍋をメインに、懐石料理風の弁当とお茶が用意されていた。料金は、樽見鉄道の1日乗車券と「うすずみ温泉」の無料入浴券、根尾谷《ねおだに》断層の「地震断層観察館・体験館」の入館割引券も付いて5500円。代金は前もって振り込みとなる。しし鍋列車は、大人をターゲットに設定されたため、子どもの料金は設定されていない。ただし、大垣～樽見間の往復運賃を払ってもらう形で乗車を認めている。その際、食事は各自で用意してもらうことになるという。

織部駅をすぎると列車は、山の中に入っていき、次第にトンネルや根尾川の渓谷美が現れる。列車は渓谷の鉄橋に差しかかると減速運転を行なうと同時に、運転士から車窓の案内放送が入る。乗客は放送を聞きながら、車窓風景をカメラに収めている。ご夫婦で参加している人は、スタッフとして添乗していた藤田社員に、並んで写真を撮ってもらっていた。樽見鉄道では、添乗スタッフが乗客の記念撮影を手伝うことなどで、少しでもよい思い出を残してもらいたいと考えているという。遠方に目をやると、雪をかぶった山々も見える。冬ならではの景観だ。

水鳥駅の手前で根尾谷断層の案内放送が入り、左側の車窓から見ることができる。根尾谷断層は、1891（明治24）年10月に発生した濃尾《のうび》地震の際の震源断層で、国の特別天然記念物に指定されている。水鳥を発車した列車は、トンネルをくぐると終点の樽見駅に到着する。

しし鍋列車の旅は、40分少々で終わることが残念でならない。樽見駅にはロータリーが設けられており、うすずみ温泉行きの無料のシャトルバスに連絡する。添乗していた藤田社員は、これから車内清掃などを乗務員と一緒に行なうという。本巣駅でのテーブルのセッティングや、しし鍋などの料理の積み込みも、部署に関係なく手のあいた社員皆で行なっているそうだ。

駅から街中を眺めると、営業をやめてしまった飲食店などが目につき、過疎化などの影響を受けていることを実感する。駅周辺を活性化させるには、観光客の増加はもちろんであるが、駅周辺に公民館・図書館、老人ホームなどの公共施設を誘致する都市計画が不可欠だと感じた。淡墨《うすずみ》桜がある「淡墨公園」は、駅から徒歩で15分の小高い丘の上にある。樹齢1500年以上のエドヒガンザクラで国の天然記念物にも指定されているこの桜が満開となる頃は、大勢の人たちでにぎわう。

薬草列車は、5～11月の木曜日と金曜日に運転される。西濃地区は薬草の名産地であり、先代の林社長は薬草関係の会合にも積極的に顔を出していたという。林社長は、「いつまでも貨物の利益などあてにしてはいけない。貨物輸送などないものと思い、通年で客を呼べる商品を開発しよう」が口癖だったという。そこで薬草を生かした料理を車内で提供する薬草列車の運転を自ら企画し、二十数年前に開始したという。

明知鉄道では、車内で酒類の販売を行なっていないが、樽見鉄道でもビールを含むアルコール類の販売は行なっていない。これは車内にトイレがないこともあるが、女性客の利用が多いため、とくにそのような要望はないという。ただし車内への持ち込みは認めているそうだ。

「歌声列車」は、希望する団体客が入ったときのみ運転されるイベント列車だ。この列車が誕生したきっかけは、現在の田中社長が国鉄中央学園在学時代に、歌声喫茶で歌っていたときの思い出の再現からである。田中社長はアコーディオンが弾けるため、自ら演奏を行なう。乗客には歌詞カードが配布され、社長の演奏に合わせて合唱する。曲は童謡があれば懐メロもあり、昔を思い起こしながら涙ぐんで熱唱する人もいるという。

他の企画列車のように定期化しないのは、社長が多忙だからである。この列車は、社長がアコーディオンを演奏することが「売り」であるため、社長の都合に左右されてしまう。鉄道会社は多数あるが、社長自ら車内で楽器を演奏する会社は、樽見鉄道を除いてほかにないだろう。

(3) 樽見鉄道の現状について

筆者は、企画列車の積極的な運行だけでなく、本巣駅構内で運転体験講習会など、ユニークな取り組みを行なっている樽見鉄道の現状が知りたく、「しし鍋列車」への乗車を終えた日の夕方に、本巣駅の構内にある本社に今村営業部長を訪ねた。

筆者はまず、温かい鍋料理を車内で提供するため、どのようにしているのか、興味があった。

樽見鉄道の車窓は素晴らしい。とくに神海をすぎると渓谷美が現れる

今村部長は、「車内は火気厳禁のため、本巣で鍋を温めておいて、それから列車へ配膳するようにしている」とのこと。温かさを維持する秘密は、鍋底に発泡スチロールが埋め込まれていて、熱が逃げにくい仕組みになっているからだそうだ。

筆者は、大垣から本巣までは、かつて兵庫県の三木鉄道で使用されていた車両（ハイモ295‐610形）に乗車した際、大垣～本巣間は利用者が多いと思った。ところが本巣から、しし鍋列車の車両へ移った後、本巣まで乗車していた車両を眺めると、乗客は本当に数えるほどしかなく、「以前は本巣～樽見間の利用者も、もっと多かったのではないでしょうか」と話した。すると今村部長は、「本巣～樽見間の利用者は元々少ないです。この区間は観光客に利用してもらい、地元の人の足を確保しています。織部まで観光バスで来た後、当社に乗り換えて樽見まで行く人が増加傾向にあります。春で月に2000〜3000人程度、バスでいうと80台ぐらいです」という。織部は、美濃《みの》焼の一種である織部焼のふる里だ。

筆者は、織部〜樽見間は、風光明媚なところを走るため、いながらにして観光ができたこと、そして先ほど乗車したしし鍋列車でも、名所では観光案内を行なうと同時に、徐行して乗客が写真を撮影することができるように配慮されていてよかったことを、乗車後の感想として伝えた。

「当社の運転士は、観光案内ができるように教育しています。樽見は観光地なので、そこを訪れるお客さまはそんなに急いでいない。それならば渓谷美が楽しめる箇所や有名な根尾谷断層では、徐行するサービスで対応しています」

今村部長の言葉に、観光鉄道として活性化を図る姿勢を感じた。

しし鍋列車の乗車を終えた筆者は、うすずみ温泉に入浴した。筆者だけでなく、しし鍋列車の利用者の大半が、そこへ向かったことを伝えた。そして「樽見は淡墨桜とうすずみ温泉がセットだと思う」「個人的には、うすずみ温泉の近くまで線路が延びていれば、状況も変わったと思っている」という旨を述べた。

今村部長からは、「本来の計画では樽見から先、越前《えちぜん》大野を経由して金沢まで結ぶ計画があったのです。しかし神海〜樽見間は、1970（昭和45）年10月に樽見まで建設が着手されましたが、国鉄再建法との関係で凍結されました。当社に転換された当時は、まだ開通していませんでした。ただ、樽見までは7割ほど完成していたことや、当時はセメント輸送が好調で、貨物の利益で旅客に対する内部補助が可能だったこともあって赤字を解消したため、転換から2年後の１９８６（昭和61）年に工事を再開し、１９８９（平成元）年3月25日に延伸開業しました」と聞かされた。

さらに「樽見鉄道というからには、樽見までの開業が沿線住民の長年の悲願でした。樽見駅の近くには有名な淡墨桜がありますが、貨物輸送の廃止後は客車を所有していないため、桜のシーズンの混雑時の対応が難しくなりました。当社は気動車を6両しか所有していないので、臨時列車を設定することも車両数の関係から難しい。そこで通常は1両で運行している列車に、増結して対応することもありますが、それも3両編成が限度です。晴天と桜の満開が重なると、見物のお客さまがおみえになるため、樽見駅では入場制限を行ないながら対応せざるを得ず、その点が当社としても辛い。積み残しが出て、1時間以上もお待ちいただくことへの苦情もあります」と、少ない車両をフルに稼働させながら、花見輸送をさばく苦労を話してくれた。

今村部長によると、かつては、樽見鉄道の営業収入の5割強がセメント輸送だったため、黒字経営を行なっていた時期もあったという。だが、セメントの出荷が減少し、２００４（平成16）年、住友大阪セメントがトラックのみの輸送へ切り替えることを決め、２００５（平成17）年度末で貨物輸送を打ち切ることを表明した。そして２００６（平成18）年3月28日限りで、樽見鉄道によるセメント輸送は廃止となり、貨物列車の運行が終了した。１９９０（平成２）年度には約54万トンあった樽見鉄道のセメント輸送は、２００２（平成14）年度には約17万トンまで減少していたという。稼ぎ頭であったセメント輸送がなくなるということは、樽見鉄道にとればまさしく経営危機だと痛感した。

今村部長がいうには、「鉄道輸送は大量輸送であれば輸送コストがトラックより下がります。しかし公共事業の縮小により出荷が減少し、鉄道輸送をやめざるを得なくなりました。幸いなことに当社の沿線は、風光明媚な景色や古刹、温泉などの観光資源にも恵まれていたため、観光鉄道として活性化させる方向を模索したのです。また、大型商業施設である『モレラ岐阜』への利便性を図る目的で、２００６（平成18）年4月21日にモレラ岐阜駅を開業させました。当初、１日あたりの乗降客数は２００人程度を予測しておりましたが、予想を遥かに上回り、２００９（平成21）年に店内をリニューアルした後は、平均５００人以上に増加しました。多い日には、１０００人程度の乗降があります。こうなると運転士だけでは乗客に対応できないため、臨時の駅員を配置して対応しています」とのことだった。

これを聞き筆者は、経営は厳しくなったが、経営危機を新たなビジネスチャンスと捉えて観光鉄道として活性化を模索する樽見鉄道の姿勢を高く評価したい。

存続の危機に直面することになったため、当時の沿線2市6町村は「樽見鉄道連絡協議会」にて支援について会議を重ねた。協議会は、2007（平成19）年度まで赤字の補填を延長することを決めたことで、存続に向けて大きく前進する。だが当時、樽見鉄道は8つの市町村にまたがって走っていたため、当然のことながら自治体によって温度差があったという。もしひとつでも消極的な自治体があると、地域協議会が作れなくなり、そうなると国から社会実験のための補助金も支給されず、置いてきぼりになる危険性さえあった。そこで筆者は、「合意形成に向けたエネルギーは、相当大きかったのではないでしょうか」と質問をした。

今村部長は、「その後、市町村合併が進み、現在は3市2町となりましたが、依然存廃問題は消えていません。しかし企業努力が実を結び始め、今では本巣市にとってランドマーク的な存在となっており、淡墨桜、織部、樽見鉄道といわれています。大垣市にとっても、樽見鉄道沿線の人が学校や買い物に出かける際は大垣を志向することもあり、地域の発展に不可欠な存在へと成長しています」という。

実際、2005（平成17）年3月末限りで、本巣市内などを走っていた名鉄揖斐《いび》線などが廃止になったことから、沿線の衰退が進んだといわれている。そして、バスでは鉄道の機能が担えず、完全に失敗であったと本巣市の市民は感じているという。それ以降、市民は鉄道を文化と感じるようになった。不採算の鉄道を存続させる理由として、地域住民の足を守る、街の衰退に歯止めをかけるなどが理由として挙がるが、本巣市民は「地域のシンボルを守る」と考えているのだという。

筆者は、「地域のシンボル」という考え方のなかには、当然のことながら地域住民の足を守る、地域の衰退に歯止めをかけるという要素が含まれたうえで、文化の創造というより高度な指向を志しているのだから、素晴らしいことだと思うという旨を今村部長に伝えた。

今村部長は、「市民意識の向上です」という。その好例が「樽見鉄道を守る会」の存在だ。守る会は、樽見鉄道の活性化および樽見鉄道を核として新たなコミュニティの創設を目的に、2003(平成15)年11月に設立されたNPO法人であり、「ローカル線は日本の宝物」と位置付けている。そして樽見鉄道存続に向けた署名活動を行なうだけでなく、車両のシートの張り替えや色褪せてきた車両のペンキを塗り直すなどのボランティア的な活動、643名の小学生が描いた絵をペイントした「ギャラリー列車」の運行も行なっている。

今村部長よると、「樽見鉄道を守る会では、当社を活用して総会の実施や、理事長の畑を活用して都市住民と農業体験交流や子どもたちに自然体験教室を開催するなど、企画・提案型の活動も実施しています」という。このように樽見鉄道の活性化に関しては、市民も大きく関わっており、行政・市民・樽見鉄道の3者が一体となって活性化・存続を模索しているように感じた。

(4) 運転体験講習会

樽見鉄道では、2011（平成23）年3月から、土・日曜日に本巣駅の構内で運転体験講習会を行なっている。これは樽見鉄道で実際に使用されている気動車を運転するという企画商品である。これが実施されるようになったきっかけは、本巣駅構内にある貨物の線路の有効活用だった。

運転体験講習会には、初心者コースと上級者コースの2つがある。両コースとも、中学生以上であれば誰でも参加ができ、料金は、初心者コースが1万円、上級者コースが5000円となっている。上級者コースが初心者コースの半額なのは、事前の講習が不要となるからだ。

初心者コースは、モレラ岐阜に集合して、2階の会議室で事前講習を受ける。その後、樽見鉄道に乗車して本巣へ向かい、運転体験を行なう。運転体験は、本巣駅構内の300メートルを時速15キロの速度で運転する。終了時には、運転体験ポイントカードに捺印してもらえる。

今村部長は、「個人型で、体験型で、地域密着型で学習できる商品」というが、まさにそのとおりだと思う。そして今村部長は、「これは完成された商品ですが、他のイベント列車との関係もあり、月に2回しか実施できませんし、社員が添乗して運転指導するため、1回に15名が限度です。最近は上級コースへの参加者のほうが多くなりました」とのことだった。

運転体験講習会への参加者は、2011(平成23)年11月頃から上級コースへの参加者が、初心者コースの参加者を上回るようになっている。また参加者は、地元である愛知県や岐阜県が多いのは当然だが、隣接する三重県からの参加者よりも、東京都や神奈川県、大阪府などの遠方からの参加者のほうが多くなっている。

活性化・存続に向けてさまざまなアイデアを出す樽見鉄道ではあるが、将来性に関しては不透明であるといわざるを得ない。2011(平成23)年2月には、老朽化した車両の置き換え用として新型車両のハイモ330-700形が1両導入されたが、沿線の自治体は2012(平成24)年度までは補助金で損失を補填する考えだった。2013(平成25)年度以降に関しては、同社を訪れた時点では、未定とのことであった。樽見鉄道は、他の事業者が実施しているような上下分離経営やネーミングライツなどを導入する計画などはないという。

沿線に淡墨桜や根尾谷断層、織部、うすずみ温泉などの観光地もあり、沿線に宅地開発や公共設備を整備すれば、利用者を増やせる可能性はまだまだある。筆者の提案として、モレラ岐阜とタイアップを行ない、一定額以上の買い物した客には樽見鉄道の運賃割引券を支給するなどして利用者を増やし、２０１４（平成26）年以降も存続するようにしてもらいたい。

松浦鉄道

（1）第三セクター鉄道の優等生

佐賀・長崎県にまたがる松浦鉄道は、国鉄の特定地方交通線だった松浦線を承継する第三セクター鉄道である。転換後に路線名は西九州線となった。出資者は、長崎県や西肥《さいひ》自動車などであり、有田から伊万里、たびら平戸口を経て、佐世保に至る93・8キロの路線である。両端の有田と佐世保でJR佐世保線と、伊万里で同筑肥《ちくひ》線と接続する。

松浦線が最初に開業したのは1898（明治31）年8月。当時の伊万里鉄道による有田〜伊万里間であり、これは有田で製造された陶磁器を伊万里の港から輸送するためである。伊万里鉄道は、九州鉄道に買収された後に国有化され、1945（昭和20）年3月に、最後の区間である佐々〜相浦間が開通した。路線がたびら平戸口（開業当時は平戸口）を経由して松浦半島を一周するようになったのは、佐世保の北部には炭田が広がっており、石炭を輸送する必要性があったことや、明治時代に九州鉄道が門司から早岐《はいき》までの鉄道建設を進めており、有田〜伊万里間が陸の孤島になることに地元が危機感を持ったことも挙げられる。路線長は、国鉄の赤字ローカル線を承継した第三セクター鉄道のなかでは、秋田内陸縦貫鉄道に次いで長い。

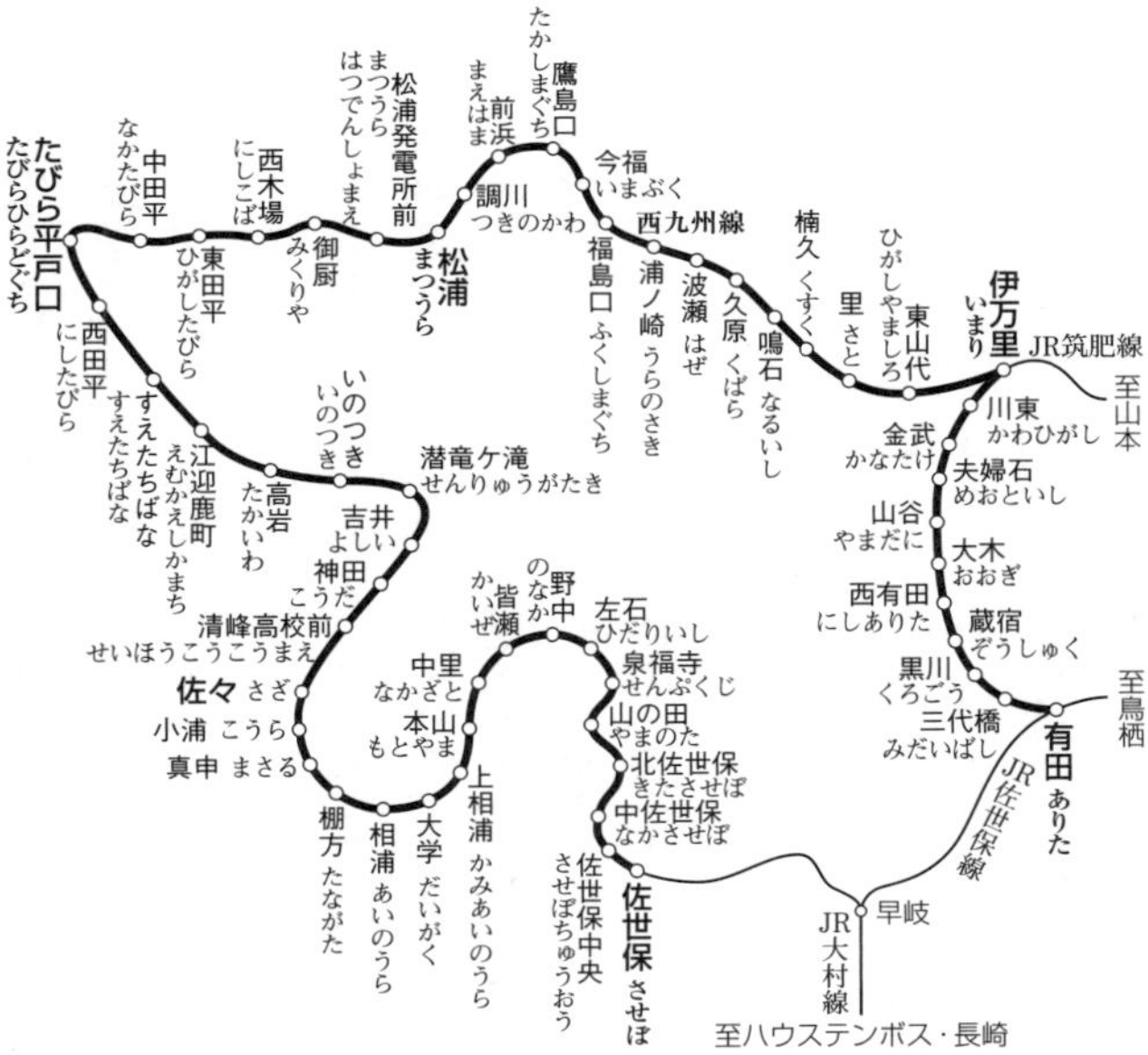

転換日は1988（昭和63）年4月1日であり、前日まで急行「平戸」[*1]が運転されていた。これは平戸島へ観光で渡る人を目的に設定されていたのだが、平戸島と九州本島との間に橋が架かると、自家用車などで訪れる人が増え、利用者は減少傾向にあった。路線が逆「ひ」状の形態をしているため、佐世保〜有田間を乗り通す人は、ほとんどいない。また、進行方向が変わる伊万里を境に運転系統が分かれている。

　運行は、1両編成の普通列車が中心で、後乗り前降り方式のワンマン運転が実施されている。主な利用者は、高校生と通院などの高齢者であり、少子高齢化の影響で減少傾向にはあるが、それでも高校生の通学は全輸送人員の半分を占めるという。

佐々～佐世保間は利用者が多いこともあり、4往復の快速列車が設定されている。このような体制になったのは、2008（平成20）年3月15日のダイヤ改正で夕方に佐世保発の快速が1本増発されてからである。下り（佐世保方面行き）の快速はすべて朝のラッシュ時に設定されているが、上りは朝のラッシュ時に3本と佐世保19時12分発が1本設定されている。快速列車の佐々～佐世保間の所要時間は35分であり、各駅停車が42～50分程度要することを考えると、利便性は高いといえよう。ただ追い越し設備がないため、先行の列車を追い抜くことはない。

これ以外の区間でも快速が運転されたことはある。各1往復だけだったが、たびら平戸口～佐世保間と伊万里～たびら平戸口間に設定されていた。このうち、たびら平戸口発の佐世保行きの列車は、かつての急行「平戸」のダイヤをほぼそのまま踏襲していたが、2002（平成14）年3月までに、これらの快速列車は徐々に姿を消していった。

開業時から2000（平成12）年3月までは、松浦鉄道車両が佐世保線の早岐まで（一部はハウステンボスまで）乗り入れており、また、土曜・休日や夏休みなどの多客期には、JR車両が長崎から大村線経由で松浦鉄道へ直通運転を行なっていた。いずれも、2000（平成12）年3月11日のダイヤ改正時に、佐世保駅の高架化工事のため中止となった。

2002（平成14）年3月23日に佐世保駅の高架化が完成すると、乗り入れを再開。今度は松浦鉄道からの直通とともに、JR九州の快速「シーサイドライナー」の一部も、佐々まで直通するようになった。

2006（平成18）年6月1日には、佐々〜佐世保間に下りのみであるが、通勤快速[*2]が1本設定され、快速列車が復活した。2007（平成19）年3月18日のダイヤ改正では、通勤快速に代わって現行の6駅通過となる快速列車が下り4本・上り3本設定された。この時点では朝のみの運行だった。

2008（平成20）年3月15日の改正では、土曜・休日限定で上りのみだったが、佐世保発たびら平戸口行きの快速[*3]が1本設定された。この快速は、2009（平成21）年3月14日のダイヤ改正で定期列車に昇格のうえ、快速「平戸エクスプレス」となった。快速「平戸エクスプレス」は、松浦鉄道の車両がハウステンボスまで1往復だけが直通していたが、JR線内は各駅停車だった。

しかし、この列車も2011（平成23）年3月12日のダイヤ改正で廃止、JRへの直通運転も早岐までに短縮されて普通列車となり、現在もこの体制で直通運転が行なわれている。このように松浦鉄道は、佐世保口ではJRと積極的に乗り入れを実施しているが、有田をまたいだ直通運転は、かつて臨時列車では実施されたが、定期列車では行なわれたことがない。

筆者は、松浦鉄道の現状が知りたく、2013（平成25）年3月1日に営業部の梶山部長を訪問している。松浦鉄道の本社は、佐世保駅の高架下にある。

梶山部長によると、たびら平戸口付近の人は、同一県内の長崎市ではなく、福岡県の福岡市（博多・天神）を志向しているという。東京や大阪などへ向かう際も長崎空港ではなく、高速バスなどで福岡市へ向かい、福岡空港から搭乗するという。そのため、長崎～たびら平戸口間の直通列車は望んでいないという。需要があるとしても、「佐々まではないでしょうか」という。ハウステンボスまでの利用も少なく、直通運転は早岐までで十分だと考えている。

松浦鉄道は、有田でも佐世保線と接続している。梶山部長によると、2011（平成23）年3月12日のダイヤ改正で九州新幹線の鹿児島ルートが全通し、山陽新幹線と直通運転を開始すると、伊万里～有田間の重要性が増したという。有田には佐世保線の特急が停車するので、松浦鉄道から佐世保線の特急に乗り継ぐ人も多い。梶山部長は、「新鳥栖《しんとす》まで特急を利用して、新鳥栖で新幹線に乗り換えて大阪方面へ向かうようになりました」という。また熊本や鹿児島へ観光などで出かける人も増えたという。所要時間が短縮され、南九州が身近になったと感じるようになり、伊

松浦鉄道へ移管後に新設された駅

実施年月日	駅名
1989年3月11日	三代橋、川東、松浦発電所前、西田平、高岩、棚方、泉福寺（2代目）、山の田
1990年3月10日	里、鳴石、福島口、今福鷹島口、前浜、いのつき、野中、佐世保中央
1991年3月16日	山谷、波瀬、西木場、中田平、大学前
1994年10月3日	本山
1996年3月16日	西有田
1996年7月1日（臨時）	世界炎博（10月15日まで営業）
1997年3月22日	黒川
1999年3月13日	すえたちばな

出典：松浦鉄道提供資料を基に作成

万里～有田間の利用も増えたという。九州新幹線の開業は、松浦鉄道にとってプラスの効果をもたらしたようである。

松浦鉄道は、当初から厳しい経営が予想されたため、上の表で示すように駅の新設に熱心である。1990（平成2）年3月10日に新設された佐世保中央は、隣の中佐世保までの距離が200メートルしかなく、路面電車を除くと日本一駅間距離が短い。佐世保の商店街の近くに位置しており、「イオン」などの大型商業施設もあるが、都市の郊外化の進展などに伴い、衰退が始まっている。

筆者も、松浦鉄道が新駅の設置に熱心であることを高く評価しており、その旨を梶山部長に伝えた。梶山部長も、「バリアフリー法[*4]が施行されるまでは、1駅造る費用が1000万円程度で済んだので、駅も造りやすかったです。しかし、バリアフリー法が施行されると、スロープなどを設

写真上：エレベーターが設置された佐世保中央駅

写真下：ロングシートとクロスシートを備えた車内。トイレの設備はない

松浦鉄道の駅名改称

実施日	旧駅名	新駅名
1988年 4 月 1 日	肥前御厨	御厨
	江迎	江迎鹿町
	潜竜	潜竜ケ滝
	肥前吉井	吉井
	肥前神田	神田
	肥前中里	中里
1989年 3 月11日	田平	東田平
	平戸口	たびら平戸口
1994年10月 3 日	今福鷹島口	鷹島口
	大学前	大学
2007年 3 月18日	上佐々	清峰高校前

出典：松浦鉄道提供資料を基に作成

ける必要が生じて数千万円も要するようになり、以前のように設けることができなくなりました。新駅設置の効果は大きく、1996（平成8）年度までは収入は右肩上がりでした」という。佐世保中央駅などは乗降客も多いため、エレベーターが設置されていた。

このような積極的な経営努力もあって、松浦鉄道は黒字経営を行なっていたのである。

一方、90ページの表で示すように、駅名の改称も積極的に行なっている。旧駅名と新駅名を比較すると、旧国名が省略された例が多いが、なかには清峰高校前（旧駅名は上佐々）のように、「地域密着というよりは、前の年に野球部が甲子園で準優勝したので」（梶山部長）という珍しいケースもある。

(2) 伊万里牛バーベキュー列車

少子高齢化の影響を受け、最近では赤字経営を余儀なくされている松浦鉄道だが、夏季には「ビール列車」などのイベント列車を運行し、増収を図っている。ただ、松浦鉄道でトイレが付いた車両は、レトロ調の車体で「レトロン号」と呼ばれているイベント用のMR－500形が1両あるだけだ。この車両は、日本宝くじ協会の支援事業で導入している。松浦鉄道の車両にトイレが備わっていない理由として、乗車時間が20～30分程度であることや、駅間が短く各駅にトイレが備わっていることが挙げられる。もし途中で乗客がトイレに行きたくなったら、運転士は駅のトイレへ乗客を案内し、車内へ戻るまで駅で待つという方法で対応しているそうだ。イベント列車を運行するとなれば、「それが制約になっている」と梶山部長はいう。

松浦鉄道は、「伊万里牛バーベキュー列車」というイベント列車を運行することがある。列車内でどのようにしてバーベキューをしたのか興味があったので、梶山部長に聞くと、「ホットプレートで焼いた」とのこと。ところで、車内でホットプレートを用いるとなると大量に電気を消費するため、それ用の電気を得ることが課題となる。そこで別の気動車を連結し、車内の椅子などを撤去して発電機を搭載したという。

この「伊万里牛バーベキュー列車」だが、伊万里牛の宣伝のために伊万里市からの依頼で実施したという。市としては、観光客の誘致と伊万里牛のPRが目的であり、松浦鉄道の車内で食べるという、話題性のあるイベントを実施したかったのである。

運転区間は、伊万里～たびら平戸口間の往復で、松浦鉄道が乗客の募集を行なった。料金はビール・ソフトドリンクの飲み放題も付いて5500円。このような割安な値段で実施できたのは伊万里市からの補助があったからだ。

「伊万里牛バーベキュー列車」は好評で、すでに何度か実施されている。最近では、2012

（平成24）年10月9～11日の3日間に実施された。ただ、車内で肉を焼くために匂いがこもってしまうという課題があり、そう頻繁には実施できないという。実施後は、10日間は車両が使えないらしい。座席のモケットにしみこんだ匂いであれば、業者に依頼すれば落とすことはできるが、問題は空調ダクトだそうである。

夏になると毎年ビール列車を運転しているが、松浦鉄道が得られるのは運賃部分だけであり、3カ月間実施しても収益は100万円程度だという。通学定期の減収分を賄うまでには至っていないというのが実情だが、普段は鉄道を利用しない人たちに、少しでも地元の鉄道に親しみを持ってもらうことも重要だろう。伊万里牛バーベキュー列車とともに、今後も継続してほしいイベント列車である。

（3）今後の方針

松浦鉄道は1日乗車券などの企画乗車券を販売している。これは、主に観光客の利用増を目的としているものではないかと考え、梶山部長に聞いてみた。梶山部長がいうには、「1日乗車券は、たびら平戸口周辺に住む人が佐世保市内へ出かけるのに便利なように考案した」そうだ。料金は2000円。佐世保～たびら平戸口間の運賃が1190円なので、1日乗車券を利用して往復すると、それだけで元が取れる。この乗車券は、年間で約９５００枚販売されているという。これはもっと、観光客などにアピールしてもよいのではないだろうか。

松浦鉄道では、他社が実施しているような車庫での体験運転会は、佐々駅構内にある側線が短いため、実施できないという。昨今の自転車ブームを反映して「サイクル列車」も佐世保〜伊万里間で実施しているが、ほとんど利用がないという。有田〜伊万里間は、駅の構造上の問題から実施が難しいという。

それでは松浦鉄道は、どのようにして新規利用者を開拓するのか。梶山部長の話によると、関西や関東からのインバウンド観光を考えているという。九州新幹線の開業が沿線の人の流れを変えたように、観光ルートを開拓すれば、遠方からの観光客を呼び込むことも可能ではないだろうか。梶山部長は、とくに伊万里〜たびら平戸口間で乗車してほしいと考えている。この区間は利用者が少ないため、観光客を受け入れるだけの余裕があるし、鷹島口〜調川間では伊万里湾の美しい車窓風景が展開する。かつての「平戸エクスプレス」のような、観光客が利用しやすい快速列車の運行も必要だろう。

最後に、ネーミングライツについても聞いてみた。梶山部長は、「枕木オーナーは、枕木が汚れてネームプレートが見えなくなるうえに、駅構内以外はその枕木自体が見えないため、クレームが生じる恐れがあります」という。そして「当社では、ヘッドマークのオーナー制を計画しています」とのことだった。つり革オーナー制についても、検討しているという。

実際、松浦鉄道は2013（平成25）年4月1日から、「MR列車命名権募集」を開始した。これは同社の主力車両であるMR600形を対象に、命名権を個人および法人に販売を行なうもの。料金は、法人が1車両1年間で25万円、個人では1車両3カ月で15万円、6カ月で20万円、1年で25万円である。契約期間中は、法人や個人が命名した列車名を掲げたヘッドマークが車両の前後に取り付けられ、松浦鉄道を走行するという。また命名権を注文した法人に対しては、通常14万6160円の車内広告掲載料金が5万円になるサービスもある。

このほか、松浦鉄道では車両のレンタルも行なっている。2時間5万円からの低料金で貸し切ることができ、結婚披露宴や発表会、動く会議など、アイデア次第で多彩なイベントに活用できるという。鉄道会社が主催するイベント列車ではなく、利用者の希望で走らせることができるイベント列車。これも、地域と密着した鉄道会社のあり方だろう。

（＊1）急行「平戸」は、筑肥線・松浦線・大村線経由で博多～長崎間に運転されていた。1983（昭和58）年3月22日の筑肥線電化開業時に、福岡市営地下鉄との相互乗り入れが実施されるようになり、運転区間が唐津《からつ》

〜長崎間に短縮された。

（＊2）通勤快速の停車駅は小浦・棚方・上相浦・左石、佐世保中央だった。

（＊3）停車駅は、佐々までは他の快速列車と同じで、佐々〜たびら平戸口間はノンストップだった。

（＊4）バリアフリー施策を維持するため、ハートビル法と交通バリアフリー法の統合を行ない、高齢者・障害者等の移動等の円滑化の促進を目的に策定された。２００６（平成18）年6月21日公布、同12月20日施行。

第3章 上下分離経営の模索

若桜《わかさ》鉄道

（1）「公有民営」の上下分離経営

鳥取県の若桜鉄道は、郡家〜若桜間を結ぶ19・2キロの若桜線を運行する第三セクター鉄道である。郡家でJR因美《いんび》線と接続する。前身の国鉄若桜線は、1930（昭和5）年12月1日に郡家〜若桜間の全線が開業したが、行き止まり式のローカル線のため、慢性的な赤字路線であった。国鉄再建法によって特定地方交通線として位置付けられ、第1次廃止対象路線に選定された。そして1981（昭和56）年9月18日には、廃止が承認された。

若桜線の輸送密度であれば、バスでも十分に対応することが可能だったが、若桜地区は鳥取県内でも有数の豪雪地域でもあるため、地元は冬季にも安定した輸送が担保される鉄道での存続を望んだ。そこで1986（昭和61）年10月7日に第三セクター鉄道への転換が決定。1987（昭和62）年4月に国鉄の分割民営化が実施され、いったんはJR西日本に承継されたが、同年の10月14日に若桜鉄道に転換された。この日は、皮肉にも新橋〜横浜間に日本で最初の鉄道が開業したことを記念する鉄道の日でもある。

若桜鉄道への転換後は運賃の値上げもあったが、冷房完備の小型軽量で燃費のよい新型気動車

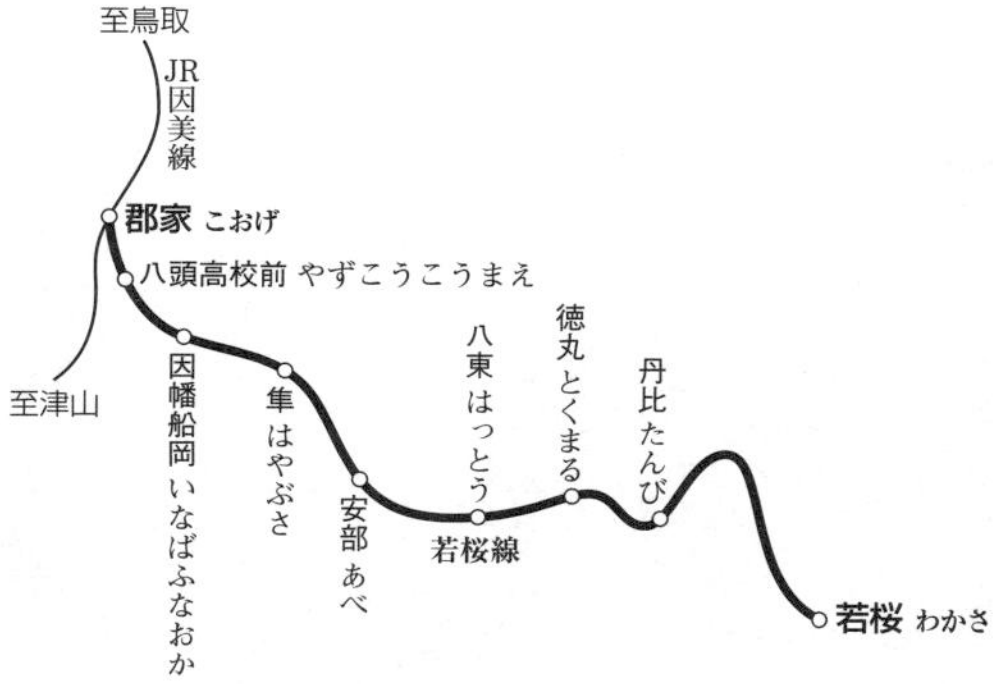

WT2500形が導入された。この車両は、エンジンおよび台車などの下回りを取り換えてWT3000形となり、現在も3両が在籍している。これ以外に、宝くじの基金を活用してイベント対応のWT3300形1両も導入されている。この車両は車内に転換クロスシートを配し、カラオケ装置などが搭載されており、普段はラッシュ時に増結用として使用されている。また、1996（平成8）年10月1日に八頭《やず》高校前駅、2002（平成14）年3月23日に徳丸駅が開業している。

しかし、沿線の若桜町と八頭町は、典型的な中山間地である。人口の減少に歯止めがかかっていないところに、少子化やモータリゼーションの進展などの影響も重なる。それゆえ若桜鉄道が経営努力を行なっているにもかかわらず、利用者の減少が続いている。若桜鉄道の利用者の中心は高校生であり、約7割を占めている。その次が高齢者であり、残りの約3割のほとんどを占める。

ダイヤは、10往復の普通列車が設定されている。通常は1両で運転されるが、ラッシュ時は2

JR鳥取駅まで直通する若桜鉄道の列車。
写真はステンレス車体のＷＴ3300形

両編成となる。朝夕の時間帯は1時間に1本の割合で運転されるが、昼間は2時間から2時間半程度、運転間隔が開く。最近では、観光客の利用も増加傾向にあると聞くが、高校生の通学需要の減少を補うには至っていない。

ローカル線ではワンマン運転が常識となっているが、若桜鉄道では車掌が乗務している。これは運賃の取りこぼしを防ぐためだそうだが、車掌は検札以外に、記念品などの販売を行なっている。なお、郡家〜若桜間の片道運賃は４２０円だが、車掌は復路も乗車してもらいたく、往復乗車券をすすめている。往復乗車券は７６０円で、80円もお得になる。

開業時から転換交付金を原資に運営基金を設け、赤字を補填してきたが、バブル崩壊後の低金利政策もあって、運営基金で赤字を補填することができず、基金を取り崩してきた。若桜鉄道の２００６（平成18）年度の決算は、収入が９１００万円に対し、経費が1億４０００万円だったため、４９００万円の赤字となった。２００８（平成20）年度で基金は底をつき、経営環境は厳しさが増した。

ところが幸いなことに、２００８（平成20）年10月から、改正地域公共交通活性化再生法が施行され、それまで鉄道事業法で認められていなかった「公有民営」の上下分離経営が可能となった。この時点で、上下分離経営が実施されると、若桜鉄道の赤字額は年間で１０００万円まで減少し、さらに車両まで自治体が所有するようにすれば、黒字に転換すると八頭町は見積もっていた。

これを受け、２００９（平成21）年4月1日、若桜鉄道は日本で最初に公有民営の上下分離経営が実現した。上下分離経営を行なうと、インフラ部分は自治体が管理するため、鉄道事業者は固定資産税や維持・管理費の支払いから解放される。また公的部門と民間部門の責任が明確化する利点もあり、際限のない補助金の投入に歯止めがかかることが期待されている。

若桜鉄道の場合、インフラは若桜町と八頭町に譲渡されたことから、両町がインフラだけを所有する第三種鉄道事業者となった。その際に両町は、第三種鉄道事業者になるための「許可」を国土交通省に申請している。

若桜鉄道経常収支の推移

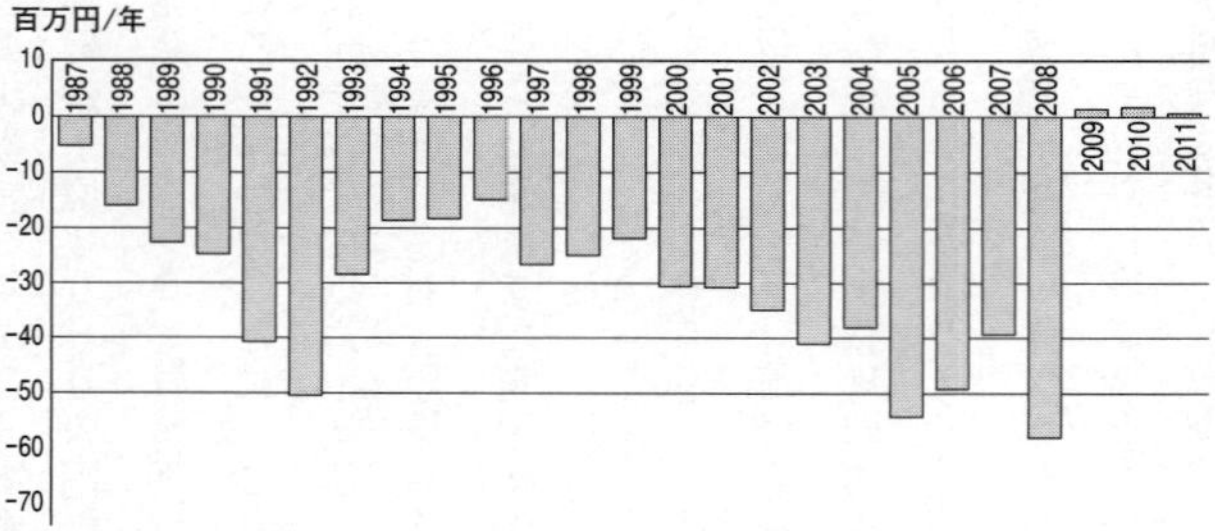

出典：藪田邦彦「地方鉄道 公有民営化の取り組み 若桜鉄道の再構築と活性化」
地方公共交通のあり方を交通基本法とともに考えるシンポジウムin関西の配付資料より引用

一方の若桜鉄道は、これまでの第一種鉄道事業者から、インフラを持たない第二種鉄道事業者となったが、この場合も国土交通省に運賃の「認可」を申請しなければならず、若桜鉄道は認可を申請している。ところで、第三種鉄道事業者となった若桜町と八頭町には、インフラを維持・管理するノウハウがない。そこでメンテナンスは若桜鉄道に委託する。そのため上下分離経営を実施しても、実質的には上下一体であるかのように機能している。

上下分離経営の実施に伴い、役員人事も変更された。若桜鉄道では、社長だけが唯一代表権を有しており、従来の社長は若桜町の町長が兼務していた。それが２００９（平成21）年６月22日に開催された取締役会では、専務だったＪＲ西日本米子支社出身の原卓也氏が社長に昇格することを決めた。[*1]

上下分離経営が採用された若桜鉄道ではあるが、枕木オーナー制も継続されており、枕木1本につき5000円を出資すれば枕木オーナーになれる。そこで得られた資金は、線路などのメンテナンスに活用される。また、上下分離経営が実施された2009（平成21）年度からは、102ページの図に示すように年間数百万円ではあるが黒字に転換している。現在の若桜鉄道の資本金は1億円、常勤の社員は15名である。

（2）SLや昔ながらの駅舎を生かした活性化戦略

筆者は、2013（平成25）年3月26日、若桜鉄道の今後について話を伺いたく、本社に原社長を訪ねた。若桜鉄道の本社は、若桜駅の駅舎内にある。

昨今、公募社長が注目を集めているが、原社長はJR西日本の米子支社などで運行管理などに従事された方で、鉄道事業のなかでも運転に関してはプロ中のプロである。原社長は「過疎化が進んで経営環境が厳しくなるなかで当社が活性化するには、観光客を集め、収益の確保を目指すしかない」という。「日本の原風景がある」といってもそれだけではインパクトがないため、「他の地区と差別化を図るにはSLしかない」と、強調された。

若桜鉄道では、かつてローカル線などで使用されたC12形蒸気機関車を保有している。これは2007（平成19）年8月に兵庫県多可《たか》町で静態保存されていた167号機を譲り受けたもの。

若桜駅構内の転車台で煙を上げるＣ12形167号機。撮影：竹内進二

この年は、若桜鉄道が創業20周年を迎えることから、若桜鉄道はＳＬの整備を行ない、同年の10月14日の鉄道の日に若桜駅構内を走行した。ただ、石炭を焚いて走行するのではなく、軽油を燃料にして圧縮空気で動かしているため、若桜駅の構内でしか運転できない。

原社長は本線でのＳＬ列車の運行を考えており、それに使用する目的でＪＲ四国が臨時快速「ムーンライト高知」などで使用した12系客車3両を購入している。しかし、Ｃ12を整備して本線上を走れるようにし、この客車を牽引させるとしても、問題はほかにもある。若桜駅構内には機関車の向きを変える転車台や給水塔などの設備があるが、郡家駅にはそのような設備がない。Ｃ12はバック運転もできるタンク機関車なので転車台は必ずしも必要ではないが、折り返し運転をするためには機関車を付け替える設備や要員が要る。そこで原社長は、若桜から郡家方向に対してはディーゼル機関車で牽引させ、郡家から若桜方向はSLが牽引するプッシュプルを検討しているという。そのほうが、SL牽引のときに上り勾配となり、煙を吐いて走る姿もさまになるという。このため、２０１２（平成24）年12月には、DD16形ディーゼル機関車も導入している。

SL列車実現に先立ち、12系客車による観光列車の運行を実施したいとしている。その場合は、往復ともDD16が牽引することになるが、それと関連して行き違い設備を設けることを検討しているという。かつては列車交換ができる駅が数駅あったが、国鉄時代に撤去されたため、郡家〜若桜間で列車交換ができる駅が皆無となってしまった。交換設備を復活させた際には列車の増発も行ない、1時間あたり1本の運転本数を確保したいとしている。

原社長は、1列車あたりの利用者が5名程度しかいなくても、列車があることが自社の価値を高めると考えている。そして現在は10往復中7往復がJR因美線を経由して鳥取へ直通しているが、原社長は増発する列車も含め、全列車を鳥取まで直通させたいという。そうしなければ「高齢者などには利用してもらえない」からだ。原社長はJR西日本のOB。JR米子支社との調整にも手腕を発揮できるはずだ。

有形文化財に登録された雪崩覆い

若桜鉄道では現在、4～11月の毎月第3土曜日にSLの体験運転を実施している。参加費は、初回が1万円で2回目からは8000円。1回ごとに認定証が授与されるとあって、リピーターも多いという。

「他社は駅構内などで気動車の体験運転を実施していますが、当社はSLなので、全然迫力が違いますよ。なんといっても汽笛を鳴らすことができますから」

原社長の言葉どおり、SLは若桜鉄道の目玉となっていることを実感した。運転体験以外にも、3～11月の第2・4日曜日には、若桜駅構内でSL走行見学とトロッコ列車体験乗車などが実施されている。トロッコの乗車は1回200円。また、転車台を自分たちの手で回転させる体験も、あわせて実施しているという。

SL関係のイベントへの参加者は、年配の方が多いという。やはり子どもの頃にSLを体験したことが思い出となっているようである。

若桜鉄道には、若桜線開業時から使用されてきた駅舎などが数多く現存する。これらは一括して、2008（平成20）年7月、国の有形文化財に登録された。このような試みは、全国でも最初であった。登録された鉄道施設は、若桜、丹比、八東、安部、隼、因幡船岡の各駅本屋（駅舎）およびプラットホームをはじめ、橋梁や雪崩《なだれ》覆い、転車台など23件におよぶ。

今後、SLが本線で運行されるようになると、有形文化財に登録された歴史ある駅舎などと一体になって、若桜鉄道全体が「動く博物館」として、その魅力が増すようになるだろう。新たなる観光鉄道への脱皮を期待したい。

（＊1）2009（平成21）年6月23日付で、若桜町の町長だった小林昌司社長は代表権のない会長に、八頭町の町長だった平木誠副社長は、同じく代表権のない副会長になった。

上毛《じょうもう》電気鉄道

(1) 群馬式の上下分離経営

群馬県の上毛電気鉄道（以下、上毛電鉄）は、中央前橋〜西桐生間の25・4キロを結ぶ上毛線を運行する鉄道事業者。全線が直流1500ボルトで電化されている。会社設立は1926（大正15）年5月。1928（昭和3）年11月10日に全線が開業している。かつては、大胡から伊勢《いせ》崎《さき》を経由して、国鉄高崎線の本庄《ほんじょう》を結ぶ路線も計画されたが、世界恐慌などにより資金が集まらず、1934（昭和9）年11月24日に免許が失効している。

上毛電鉄の筆頭株主は東武鉄道で、ほかに群馬県内で鉄道事業を営む上信《じょうしん》電鉄や群馬銀行などが主要株主となっている。東武鉄道の桐生線とは赤城駅で接続し、昭和30年代までは浅草〜中央前橋間の直通運転が実施されていた。現在でも、同駅で東武鉄道の特急「りょうもう」と接続する。

上毛電鉄の起点である中央前橋は、名前のとおり、かつては前橋市の中心であり、西桐生も桐生市の中心に位置していた。上毛電鉄の中央前橋とJR両毛《りょうもう》線の前橋は1キロ程度離れているが、これは当時の前橋市民が、市内の中心部へSLが来ることを反対したためといわれている。もっ

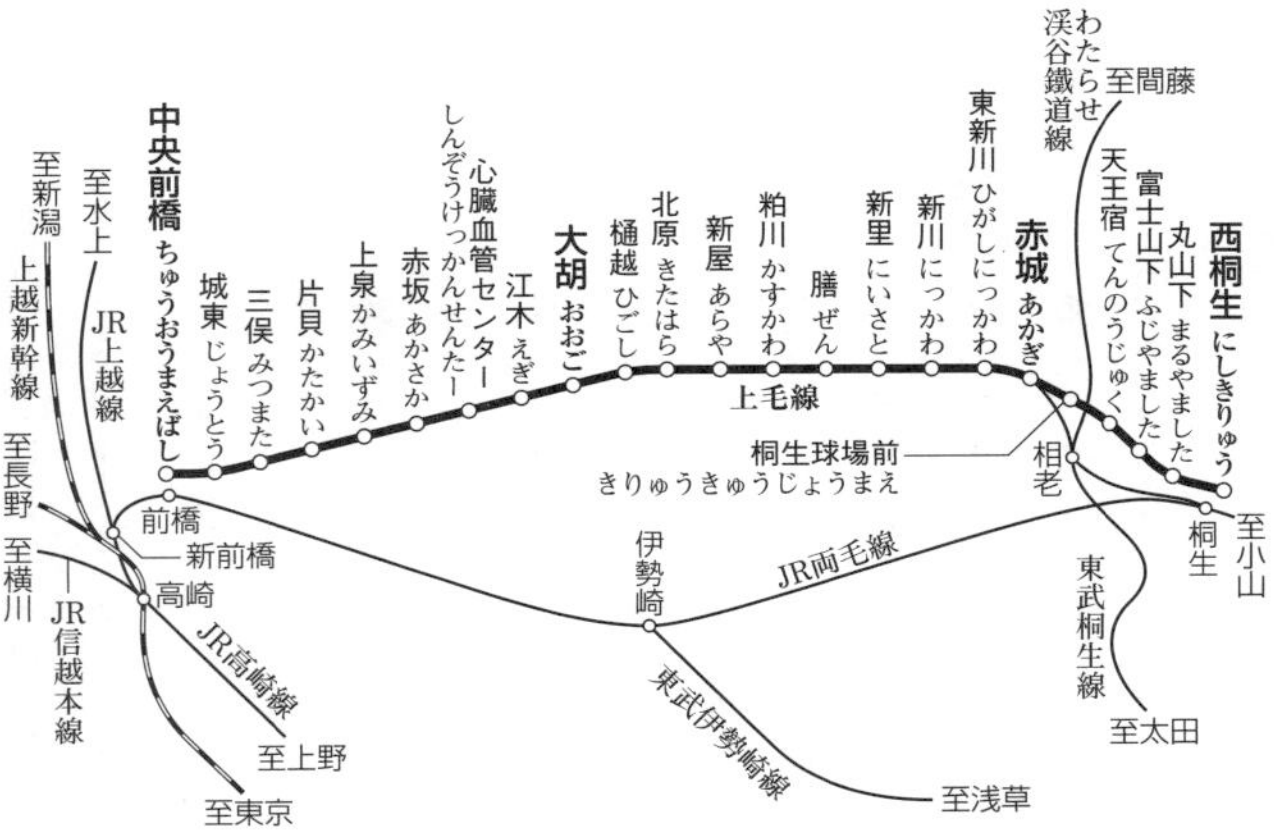

とも、前橋駅が当時の日本鉄道によって開業したのは1884（明治17）年のこと。鉄道に対する住民の意識は、上毛電鉄が開業した昭和初期とは雲泥の差があったのだろう。

開業以来、前橋市と桐生市の中心部をショートカットで直結するため、上毛電鉄の利用者は多かった。輸送のピークは1965（昭和40）年であり、年間で958万人の輸送を行なっていた。当時は、団塊の世代が高校へ通っていた時代であったことも影響している。その後は、モータリゼーションの進展などによって利用者は減少。1975（昭和50）年度から赤字経営が続くようになった。そのため、1976年度から運輸省が実施していた鉄道軌道整備法による欠損補助を受けていた。欠損補助は、1997（平成9）年に鉄道軌道近代化設備整備費補助（通称・近代化補助）という、安全性向上などを名目とした設備更新に対して交付される補助金制度に統合される形で廃止された。

欠損補助が近代化補助に統合される形で廃止されると、群馬県および沿線7市町村[*1]が、今後の対応を検討するための協議を行なった。自治体の考えは一様に、「上毛電鉄は、なくなると困る」だった。これによって鉄道を存続させる機運が高まり、そこで群馬県と沿線7市町村に関係者を加えた「上毛線再生等検討委員会」が発足。同委員会は約2年間かけて検討した結果、1998（平成10）年1月、上下分離経営による上毛線再生の基本方針が決定された。

上下分離経営の詳細だが、沿線自治体が全額負担してインフラの近代化に向けた投資を行なう。さらにインフラの維持・管理や車両の修繕費も、自治体が負担する。上毛電鉄の場合、車両の全般検査は外注しており、外注修繕費を沿線自治体から受け取っている。

だが当時の鉄道事業法では、「公有民営」の上下分離経営は認められていなかった。そのため自治体はインフラを所有しておらず、メンテナンス費用を負担しているだけであり、上毛電鉄は第一種鉄道事業者のままだ。このような方法は、当時としては画期的であり、「群馬型上下分離経営」と呼ばれた。群馬型上下分離経営は、欧州のようにインフラの維持・管理と列車運行を、水平的に組織を分離するものではない。

(2) サイクルトレインの運行

筆者は、２０１３（平成25）年2月15日、上毛電鉄の本社で古澤社長と面会する機会を得た。上毛電鉄の本社は、中央前橋駅の改札口を出てすぐの駅ビルの中にある。

上毛電鉄は、利用者の減少後は高校生の通学輸送が主体になったが、少子化の影響から高校の統廃合が行なわれ、さらに「広い敷地が得られる」という理由から、高校が郊外に移転してしまった。その結果、１９９０年代の後半以降は若者の利用も減ったため、10年間で利用者が４割も減少している。

古澤社長に、そんな上毛電鉄の現状について伺った。古澤社長によれば、たしかに通学定期の利益率は低いが、通学利用は鉄道会社にとって重要な顧客であり、それが減少することは鉄道会社にとって大きな痛手であるという。そして、「通学利用の減少をイベント列車の運行で補うことは難しい」と話してくれた。そこで上毛電鉄では、少しでも利用者を増やすため、車内への自転車の積み込みを認める「サイクルトレイン」を運行したり、一部列車にはキャビンアテンダントを試験的に乗務させているという。サイクルトレインは、自転車を輪行バッグに入れて手荷物として持ち込むのではなく、そのまま車内に持ち込める。平日の始発〜朝ラッシュ時を除いて実施しており、持ち込み料は無料である。

サイクルトレインの利用状況　（　）内は前年度比、単位はパーセント

	2010年度			2011年度			増減数
	下り	上り	合計	下り	上り	合計	
4月	1,184	1,382	2,566	1,431	1,826	3,257 (126.9)	691
5月	1,413	1,589	3,002	1,591	1,628	3,219 (107.2)	217
6月	1,301	1,458	2,759	1,412	1,637	3,049 (110.5)	290
7月	1,356	1,637	2,993	1,497	1,772	3,269 (109.2)	276
8月	1,740	2,069	3,809	1,818	2,594	4,412 (115.8)	603
9月	1,306	1,505	2,811	1,334	1,511	2,845 (101.2)	34
10月	1,226	1,489	2,715	1,409	1,656	3,065 (112.9)	350
11月	1,268	1,727	2,995	1,462	1,663	3,125 (104.3)	130
12月	1,431	1,554	2,985	1,343	1,717	3,060 (102.5)	75
1月	1,242	1,463	2,705	1,212	1,461	2,673 (98.8)	-32
2月	1,036	1,315	2,351	1,186	1,529	2,715 (115.5)	364
3月	1,460	1,779	3,239	1,695	2,223	3,918 (121.0)	679

出典：上毛電鉄提供資料を基に作成

古澤社長によれば、サイクルトレインの運行は1997（平成9）年から実施されており、最初は臨時列車での運行だったそうだ。2000（平成12）年頃から定期的に実施するようになったが、当初は昼間のみだったという。理由は、夜間も実施するとなれば、駅構内の照明を整備する必要があったからだという。その後、徐々に時間帯を広げ、2003（平成15）年頃から夜間も実施するようにしたという。

車内に自転車を積み込むとなれば、駅構内に階段があると具合が悪い。そのため上毛電鉄では、駅構内にスロープが整備されている。無人駅では、改札口も設けられていない。筆者は、サイクルトレインを運行するためにスロープを整備したと思っていたが、古澤社長は、「ホームの段差の解消が目的であ

り、ホームをかさ上げした際にあわせて導入した」という。

筆者が見た印象では、電車とホームの段差がなくなったため、自転車の積み込みや高齢者の乗車は、たしかに楽になった。だが一部の駅のスロープが急なため、ベビーカーや車椅子の方は利用しづらいのではないかと感じた。

筆者が上毛電鉄の本社を訪問した日は、あいにく雪が降っていたため、利用者自体が少なかったためか、往路、復路ともに自転車を積み込む利用者は見かけなかった。その約1年前に乗車したときには、2名程度が利用していた。112ページの表に上毛電鉄のサイクルトレインの利用状況を示した。この表をみると、2011（平成23）年度は前年度と比較して自転車の車内持ち込みが増えており、徐々にサイクルトレインの利便性が浸透していると考えてよいだろう。また3月、5月、8月という学校が休みや連休がある月は、自転車の車内持ち込みも多くなる傾向がある。

上毛電鉄では、積極的に駅に駐輪場を設置しており、パーク&サイクルライドを推進している。また駐輪場には、無料のレンタサイクルを配置して対応している。これは、モータリゼーションの進展によって群馬県が日本でも有数の車社会になったことや、公共施設などが郊外に移転したこともあって、駅からの利便性を向上させる必要があるからだ。

駅からの二次交通としては、コミュニティバスの運行も考えられるが、群馬県内はバス事業者にとっても経営環境が厳しい土地である。館林《たてばやし》市などは、規制緩和が実施されるはるか以前の1986（昭和61）年12月末に東武バスが撤退したため、市内に路線バスがなくなってしまった。[*2]日本中央バスも、少しでも利用者を増やすため、上り坂の続く富士見温泉線と榛東《しんとう》線では、車内に無料で自転車の積み込みを認めている。これらの路線では、クラブ活動などで遅くなった高校生が、帰宅する際にバスに自転車を積み込んでいる。

バス事業者の厳しい経営状況は、モータリゼーションの進展や公共施設などの郊外移転、少子高齢化だけでなく、ダイハツなどの工場の海外移転が進み、通勤需要が減少したことも影響している。

（3）今後の事業計画

古澤社長によれば、今後の上毛電鉄は、観光鉄道化と国内旅行事業に力を入れる考えであるという。国内旅行事業としては、上毛電鉄沿線からの「東京スカイツリー」を売りにした旅行商品を積極的に販売したいという。

古澤社長は、「当社の赤城駅は東武鉄道の特急『りょうもう』の始発駅で、大胡以東の人が東京へ出かける際は、赤城から東武鉄道の特急を利用することが時間的にも金額的にも有利である」という。東武鉄道利用なら、「スカイツリーの目の前のとうきょうスカイツリー駅で下車するだけなので、当社としても販売しやすい」そうだ。
２０１３（平成25）年2月14日の「日本経済新聞」の朝刊に、上毛電鉄沿線から東武鉄道を利用した東京スカイツリーを扱う旅行商品の販売を開始する旨の記事が掲載されていたが、同年２月16日のツアーは満席になったという。それくらい、東武鉄道を利用した東京スカイツリー関連の旅行商品は、インパクトがあるのである。

上毛電鉄は、東武鉄道を利用した旅行商品だけでは満足していない。古澤社長によれば、「大胡にある車庫とデハ１０１が観光資源になる」という。大胡の車庫は、上毛電鉄が開業したときから存在する木造建築。デハ１０１も、開業当時からの車両で、製造から85年以上が経過した現在も車籍を有し、本線上を営業運転できる、全国でも最古級の電車。これを観光資源として生かし、東京方面から観光客を誘致する双方向の旅行商品の展開を考えているという。その具体策として、大胡駅の構内でデハ１０１の体験運転会を実施したいとしている。

以前から上毛電鉄では、デハ１０１は観光資源と位置付けており、貸り切り運転を実施していた。１両を貸し切る費用は10万円。体験運転の料金などは未定とのことだったが、同様のイベントを実施している樽見鉄道や明知鉄道を参考にして決められると思う。これが実現すると、体験型観光であると同時に、創業時から存在する鉄道遺産を活用した産業観光も実現する。

大胡の車庫とデハ101。手前の電気機関車は静態保存されているデキ3021。
撮影：交通新聞社

筆者は、双方向の旅行商品を、より付加価値の高い商品にするため、特急「りょうもう」の中央前橋への乗り入れを考えてみた。乗り入れが実現すれば利便性は飛躍的に向上すると思ったが、2両編成で走る上毛電鉄に6両編成の東武特急が乗り入れるとなると、ホームの長さや変電所の容量など、克服すべき課題は多い。古澤社長も、「通過列車が新たに加わるとなると、踏切の制御回線を増やすなど新たな設備改良が必要であるほか、費用対効果を考えると実現は困難ではないか」という。2両編成の634形「スカイツリートレイン」はどうだろう。まずは、団体臨時列車で試験的に運行することはできないものだろうか。

上毛電鉄を活性化させるには、東武鉄道との連携が不可欠であり、群馬から東京方面への旅行商品の開発だけでなく、東京方面から群馬への観光客の誘致も不可欠である。沿線の観光地との、さらなる連携も重要だ。東京方面で旅行商品を販売する

東武鉄道の「スカイツリートレイン」。窓が大きいパノラマ電車で、2両編成でも運行できる。撮影：交通新聞社

には、東武トラベルに委託するだけでなく、独自の販売ルートの開拓が課題となろう。

（＊1）前橋市、大胡町（現・前橋市）、宮城《みやぎ》村（同）、粕川《かすかわ》村（同）、新《にい》里《さと》村（現・桐生市）、大間々《おおまま》町（現・みどり市）、桐生市の7市町村。

（＊2）規制緩和が実施される以前の1986（昭和61）年12月末で、館林市と茨城県古河《こが》市、栃木県栃木市（当時は下都賀《しもつが》郡藤岡町）の2路線が、不採算を理由に廃止された。当時は全国に653の市が存在したが、館林市だけが唯一、路線バスが存在しない市となった。高齢者にタクシーチケットを配布して対応していたが、タクシーだけでは不便なため、市民などから路線バスの復活を求める意見が強かった。そこで1993（平成5）年からは、館林市と周辺の4町が合同で貸し切りバス事業者に運行委託をする形で、路線バスの運行が再開された。館林市などは、運行費を補助している。

信楽《しがらき》高原鐵道

(1) 上下分離経営の実施

滋賀県の信楽高原鐵道は、貴生川と信楽を結ぶ14・7キロの信楽線を運行する第三セクター鉄道である。貴生川でJR草津線と近江《おうみ》鉄道本線に接続する。前身は国鉄信楽線であり、1933(昭和8)年5月8日に開業している。当初は、信楽から関西本線の加茂《かも》まで延伸する計画があり、もし加茂まで開業していたならば、大阪からの直通列車が運転され、行き止まり式の盲腸線になることもなければ、特定地方交通線に指定されることもなかっただろう。

国鉄再建法の成立により、信楽線は特定地方交通線に指定されたが、地元は鉄道存続を望んだ。そこで大々的な「乗って残そう運動」が展開され、輸送密度が2000人を超えたことで、廃止は一時中断された。

そのような地元の熱意が実り、信楽線は1986(昭和61)年9月5日に第三セクター鉄道への転換が決まる。翌年4月1日に国鉄は分割民営化され、この時点ではJR西日本に承継されたが、同年7月13日、信楽高原鐵道に移管された。移管と同時に紫香楽宮跡、玉桂寺前の2駅が開業するとともに、従来は9往復しかなかった運転本数は、下り15本、上り16本に増発され、利便

性が大きく向上した。

信楽高原鐵道の株式は、甲賀《こうか》市が55・1％、滋賀県が34・5％、近江鉄道が5・3％、滋賀銀行が1％を保有している。JR西日本から経営分離された後は、冷暖房完備で燃費に優れた新型車両を導入するなど、サービスの向上が図られた。そして、移管後の1〜3年目は要員合理化や運賃値上げなどを行ない、黒字を計上していた。そんななか、1991（平成3）年5月14日、信楽高原鐵道内でJR西日本の乗り入れ列車と正面衝突する大事故が発生した。

この事故を起こしてからは、保安設備への投資や安全を維持するための要員増の影響から、運行コストがかさむようになり、再び赤字経営に戻っている。

信楽高原鐵道の年収は、この数年はほぼ一貫して約1億円であるのに対し、運行経費は年度によって若干変動するが、1億4700万〜1億5000万円程度である。2003（平成15）年度は、100円の収入を得るために150円の経費を要した。2006（平成18）年度末の債務超過額は13億4552万円となっている。2013（平成25）年1月時点では、同年度の赤字額は約4700万円になる見込みであり、経営的にはきわめて厳しいのが現実である。

そこで2013(平成25)年4月1日から、上下分離経営が実施されることになった。筆者は、その経緯と今後の展望などを伺いたく、同年1月15日に、信楽駅にある信楽高原鐵道の本社を訪問し、担当者にお会いした。

訪問したときは、まさに上下分離経営に向けた運賃の認可などの準備を進めているまっ最中だった。経営分離後は、インフラは甲賀市が所有するが、実際のメンテナンスは信楽高原鐵道が受託して行なうことになる。メンテナンスに要した費用に関しては、国や滋賀県が甲賀市に対して補助をすることになるという。信楽高原鐵道の上下分離経営はユニークであり、線路などの地上設備はもちろんのこと、車両も甲賀市が所有することになる。そのため信楽高原鉄道は、鉄道施設の維持管理は甲賀市負担となることから、上下分離経営を行なうと黒字になるという。

これには、1991(平成3)年の事故が大きく影響している。事故の補償費に充てるために、滋賀県や甲賀市から借り入れた債権の放棄を求め、大津地方裁判所に対して特定調停を訴えている。公正な司法の判断により、県民・市民の理解が得られると判断したもので、当然、特定調停の成立には、今後の経営改善が必要であることから、公有民営化の上下分離方式を導入することとしたのである。

ただ、上下分離経営を実施して黒字になったとしても、それだけでは利用者は増えない。では、利用者を増やすために、どのような施策を考えているのか伺うと、「少子高齢化の影響もあり、通勤・通学需要は減少する傾向にあります。そこで外部から利用者を呼び込み、『観光鉄道化』を模索しています」とのこと。さらに、「幸い、当社の沿線には名所・旧跡が多いうえ、信楽には信楽焼という伝統工芸があります。これらの観光資源を生かした活性化を模索しています」という。その一環として、「甲賀市地域公共交通活性化協議会」との連携により、甲賀市のコミュニティバスと信楽高原鐵道が1日乗り放題になる「フリー乗車券」を１２００円で販売しているという。

次に、「枕木オーナー制」による増収効果と、上下分離経営が実施される以降も継続されるのかを聞いてみた。信楽高原鐵道では、枕木の交換は、自社にとってコスト的に負担が大きいと考えている。そこで枕木オーナー制を採用し、交換費用を調達するようにしたという。オーナー料は1本５０００円。２０１２（平成24）年度末では４５０口の申し込みで、２２５万円の収入があった。上下分離経営が実施されると、インフラのメンテナンス費用は甲賀市が負担することになるが、枕木オーナー制は継続する考えであるという。ちなみに「つり革オーナー制」の計画はないとのことだった。

(2) 関連事業計画

地方民鉄や第三セクター鉄道では、関連事業やオリジナル商品の開発に熱心な事業者も多い。信楽高原鐵道も、かつて「信楽の駅せんべい」や、車両やタヌキをデザインしたTシャツを作成し、販売したことがあったが、売り上げはいまひとつだったらしい。「食品は賞味期限などの問題もあり、実施は難しい」と慎重だった。それでも今後は、オリジナル商品も検討したいと考えている。

ところで信楽高原鐵道は、「合格切符」や干支《えと》にちなんだ企画乗車券を積極的に販売している。企画乗車券は信楽焼の陶器製で、地域の独自性を出している。合格切符は2往復分の切符になっており、これを1枚販売すると、利用者が4名増える計算だ。滑り止めの砂も付いている。干支の切符は1360円。価格設定は、おとなと子どもで信楽〜貴生川間を1往復した運賃である。干支の年に親子で乗車し、この鉄道に親しみを感じてもらえれば、この切符が果たす役割は大きいだろう。毎年1000枚を目安に発行するが、干支には人気に差があるため、発行枚数には若干、変化を付けているという。ちなみに2013(平成25)年の干支は巳《み》(蛇)。NHKがニュースで取り上げたこともあり、完売したという。

2012(平成24)年は、信楽高原鐵道開業25周年だったので、これを記念した企画乗車券を

信楽焼で作られた信楽高原鐵道の企画乗車券

販売した。また、２０１３（平成25）年は国鉄信楽線が開業して80周年という記念すべき年のため、記念乗車券だけでなく、イベントも検討中とのことだった。

貴生川から乗車したとき、貴生川～紫香楽宮跡間は９・６キロと、この区間だけ極端に駅間距離が長いことが気になった。山あいを抜けるため、集落があまりないが、広徳寺や飯《はん》道《どう》神社などの社寺がある。新駅を設ければ、それなりに利用者があるのではないだろうか。また、信楽駅は、市街地から離れたところにあり、信楽焼の窯元などを訪問するにも不便なため、信楽高原鐵道はレンタサイクルの営業を行なっている。その利用状況についても聞いてみた。

新駅については、「広徳寺や飯道神社の参詣客に利用してもらえるのであれば、検討してもよいでしょう」とのことだったが、実現は難しそうだ。

レンタサイクルに関しては、「信楽は意外と起伏があるので、自転車は使いにくいのかもしれません。それでも冬場は少ないが春や秋は多い。２０１０（平成22）年度は、普通の自転車が56

2台、電動自転車が45台の計602台が貸し出されました。普通の自転車が500円なのに対し、電動自転車は1000円なので、利用者には割高に思えるのではないか」とのこと。

また、他社で実施しているネーミングライツについても聞いてみたが、「実施しにくい環境にあります。なぜならば、当社の沿線は、片側は山に面していて民家がほとんどない。そのため車体などに企業広告を入れたとしても、見てもらえないのです。駅も、市街地などから離れた場所にあるため、宣伝効果が低い」という。たしかに信楽高原鐵道は、そういったハンデを抱えながら、運行を続けているのである。

それでも、信楽高原鐵道は少しでも観光客を増やすため、4両ある車両のうちの2両にラッピングを施工。著名なデザイナーではなく、大津市にある成安《せいあん》造形大学の学生にデザインを依頼した。甲賀市の地域性を出すため、デザインのコンセプトは焼物・忍者・宿場町である。信楽焼は、タヌキの置物がデザインされており、忍者は、タヌキを模したスタイルや手裏剣を配し、土山・水口《みなくち》が東海道の宿場だったことから、当時の旅籠を車体にデザインした。

鉄道を活性化させるために、車両の内外装を著名なデザイナーに依頼する傾向があるが、滋賀県では信楽高原鐵道にかぎらず、乗合バスの車体のデザインも、地元の大学や高校の美術部などに依頼する傾向が強い。またバス停の上屋なども、地元の工業高校に依頼して作ってもらうようにしている。資金的に苦しいこともあるが、地元にある人的資源を有効に活用した手法であり、依頼を受けた大学・高校の学生や生徒も、公共交通に対して関心を示すようになるため、非常によい試みであると思う。

最後に担当者は、「地域区長会、陶器関係者、甲賀市、甲賀市商工会、甲賀市観光協会が『信楽高原鐵道利用促進協議会』を設立させて、当社に対して協力してもらっており、大変感謝している」という旨を述べられた。

信楽高原鐵道の取材を終え、上下分離経営を実施することで黒字経営は実現するだろうが、その後の利用者増が課題であると改めて感じた。信楽高原鐵道を利用して気になるのは、市街地から離れた場所を走っており、駅前に公共施設や観光施設がほとんどないことだ。市街地は国道307号線沿線に点在しており、公共施設などの多くも国道の近くにある。

これに加え、新名神高速道路が開通したため、京阪神や名古屋から自家用車で信楽まで来る人が増えたのではないかと危惧していたが、前出の担当者によると、高校生や通勤がメインのため、新名神の影響はほとんど受けていないという。それよりも、信楽高原鐵道と並行する形で、新名神の信楽インターへのアクセスとなる信楽道路の建設が進んでいる。この道路が完成すると、さらなる利用者の減少が予想されるため、こちらのほうを恐れているという。

貴生川駅に停車中の列車。車体にはタヌキの置物がデザインされている

このように、厳しい経営環境にはあるが、信楽焼をはじめ、地域の特色を生かした観光鉄道化を模索するなど、信楽高原鐵道は地道な経営努力を行なっているのである。

帰路は、信楽16時4分発の貴生川行きに乗車した。信楽駅にはホームが2面あるが、普段は駅舎側のホームしか使用していないという。もう片方のホームには信楽焼の大きなタヌキがおり、乗客を送迎してくれている。高校生の下校時間と重なったため、列車は2両編成に増結されていた。車内には座れない人もいて、地元の高校生の通学の足として機能していると実感した。列車は16時27分、貴生川に到着。すぐに信楽行きとして折り返すが、草津線の電車が到着していたため、2両編成の気動車はまたたく間に満席となった。そして16時35分、列車は再び信楽に向けて走り出した。

新しい経営形態で再スタートした信楽高原鐵道だが、「びわこ京阪奈線構想」もあるため、将来的には、これに組み込まれる可能性もある。次項では、そのびわこ京阪奈線構想について紹介したい。

(3) びわこ京阪奈線構想

「びわこ京阪奈線構想」は、米原《まいばら》を起点にJR片町《かたまち》線の京田辺《きょうたなべ》に至る91・8キロの鉄道整備構想である。近江鉄道の米原～貴生川間の47・7キロと信楽高原鐵道の貴生川～信楽間の14・7キロは、既存の路線を軌道強化や複線電化という形で改良を行ない、信楽～京田辺間は新線を建設する。これにより滋賀県の湖東地域と京都府の南部地域を経由し、大阪市の中心部へ鉄道で直結させることを目指している。

びわこ京阪奈線は、2004（平成16）年10月8日の近畿地方交通審議会の答申では、「検討対象」になっているが、「望まれる路線」になっていないため、現時点では建設することはできない。もし建設が可能となっても、どの事業者が運営するかが問題となる。

信楽高原鐵道は、びわこ京阪奈線を担える状態ではない。びわこ京阪奈線を建設するとなれば、東海道本線並みの設備を有した鉄道でなければ、バイパス線としての機能は担えない。信楽高原鐵道の路線のなかでも、貴生川～紫香楽宮跡間には、急勾配や急カーブが存在するため、新線に切り替える必要がある。近江鉄道も、輸送密度が2000人強の状態にあるため、現状維持で精一杯の状態にある。

滋賀県側の関係自治体[*1]によって、「びわこ京阪奈線（仮称）鉄道建設期成同盟会」が結成されている。同盟会では、びわこ京阪奈線の建設効果として、以下のような便益を考えている。

①沿線の活性化や地域振興
②大阪湾ベイエリア地域との交流軸の強化
③国道307号線の渋滞緩和
④冬季の東海道本線のバイパス機能

滋賀県側は、びわこ京阪奈線構想に対して積極的であるが、京都府および京都府側の関係自治体[*2]は、びわこ京阪奈線構想に対して概ね冷めている。理由は、採算性の問題だけでなく、京都府南部と滋賀県の琵琶湖東岸の流動性が低いことが挙げられ、京都府は同盟会に加盟していない。

しかし、鉄道が通っていない宇治田原町《うじたわら》では、住民は鉄道を要望している。理由は、宇治田原町は四方を山に囲まれているうえ、公共交通は国道３０７号線を走行する京阪バスなどに限られる。その国道３０７号線も朝夕には慢性的に渋滞する。

京都府南部は東西方向を結ぶ鉄道が皆無に近く、自家用車で通勤する比率が高い。そのため、京田辺から山城多賀《やましろたが》でＪＲ奈良線と接続し、宇治田原・信楽を経由して米原に至るびわこ京阪奈線は、筆者は必要であると思う。この場合、京都からＪＲ奈良線を経由して、びわこ京阪奈線へ乗り入れて大阪方面への直通列車や、びわこ京阪奈線からＪＲ奈良線に乗り入れ、奈良へ直通させるようにするべきだろう。ＪＲ奈良線の沿線は関西文化学術研究都市であるため、大学などの研究機関が立地しており、通勤・通学の利便性が向上する。

それ以外にも、びわこ京阪奈線が開業すると、物流業界のモーダルシフトが進展する可能性も考えられる。米原には、貨物ターミナルがあり、びわこ京阪奈線としてＪＲ片町線につながると、大阪東線へ乗り入れて百済《くだら》貨物ターミナルと結ぶことができる。東海道本線で貨物列車を増発することは線路容量の関係で難しいため、びわこ京阪奈線を貨物輸送で活用することも検討する必要がある。

採算性に関しては、現在の鉄道事業法では公設民営による鉄道建設だけでなく、公有民営の上下分離経営も認められている。インフラを京都府や滋賀県などが保有するようにすれば、ランニングコストくらいはまかなうことができるであろう。

びわこ京阪奈線の構想が進展するタイミングとして、リニア新幹線が大きく影響する。JR東海では、2027（平成39）年に東京（品川）～名古屋間にリニア新幹線を開業させ、2045（平成57）年に大阪まで延伸開業させたいとしている。計画では、三重県に1駅、奈良県にも1駅が予定されている。もし亀山か柘植《つげ》にリニア新幹線の新駅が設置されれば、JR草津線はアクセス鉄道として重要性が増し、また、奈良県側の駅も、

びわこ京阪奈線の実現に向けての取り組み過程

年度	事柄	備考
1989年7月	湖東・大阪線（仮称）鉄道建設期成同盟会を設立	会長：滋賀県知事 構成団体：沿線3市14町
1990年6月	滋賀県総合交通ネットワーク構想に位置付け	
1993年4月	同盟会事務局を八日市市から滋賀県へ移管	
1995年6月	滋賀県地域交通計画に位置付け	
1995年8月	びわこ京阪奈線（仮称）鉄道建設期成同盟会に改称	
1995年度～1999年度	事業化の可能性調査を実施	
1996年6月	大阪湾臨海地域開発整備法に基づく滋賀県関連整備地域整備計画に位置付け	
1998年～	既存鉄道の近代化事業を実施 近江鉄道、信楽高原鐵道	近江鉄道、信楽高原鐵道
2004年10月	「近畿地方交通審議会答申第8号」において「びわこ京阪奈線（仮称）」を構想路線として認知	びわこ京阪奈線として検討対象とされたが、答申には盛り込まれず

出典：「びわこ京阪奈線」びわこ京阪奈線（仮称）鉄道建設期成同盟会の提供資料を基に作成

関西本線の木津《きづ》〜平城山《ならやま》間か奈良〜平城山間にできるとなれば、びわこ京阪奈線も、リニア新幹線への重要なアクセスルートとなる可能性を秘めている。

このように、びわこ京阪奈線の将来は、リニア新幹線の進捗状況や三重県および奈良県側の駅がどこに設置されるかが大きくかかわっている。びわこ京阪奈線の実現に向けての取り組み過程を130ページの表で示した。

(4) 草津線の今後

リニア新幹線が整備されるとなると、アクセス路線として草津線の重要度は増す。

草津線は電化されているが、全線が単線なために輸送力が不足している。滋賀県は、沿線市町と「滋賀県草津線複線化促進期成同盟会」を組織し、草津線の全線複線化に向けた取り組みを進めているが、草津線の複線化を考える場合、とくに輸送量が多い草津〜貴生川間の15・3キロが優先されるだろう。草津線のなかでも手原《てはら》駅は、1日あたりの乗降客数が5000人を超えているため、橋上駅舎化されてエレベーターやエスカレーターが完備されている。石部《いしべ》、甲西《こうせい》、三雲《みくも》の3駅も1日あたりの乗降客数が3000人を超えており、バリアフリー化が喫緊の課題となっている。

草津線の草津〜貴生川間で、甲西だけが列車交換設備がないため、朝夕のラッシュ時の増発のネックになっている。滋賀県土木交通部交通政策課としては、まずは甲西駅に列車交換設備を設けることを、JR西日本に要望している。そうなれば1時間あたり片道の列車本数が1本増え、4本まで設定が可能になる。次が油日《あぶらひ》と寺庄《てらしょう》の列車交換設備の設置である。3番目として、手原〜石部間と三雲〜貴生川間に新駅の設置を考えている。4番目として、草津〜柘植間の部分複線化を考えている。

筆者も、将来的には草津線の全線複線化は不可欠であると考えている。それにより増発と新快速や快速などの速達型の列車が設定できる。また、慢性的に渋滞している国道1号線の混雑緩和にもつながると考える。

信楽高原鐵道の将来は、草津線の利便性の向上と深くかかわっており、草津線の将来もリニア新幹線の行方に大きく左右される。

筆者は、リニア新幹線の開業を契機に、信楽高原鐵道、近江鉄道、びわこ京阪奈線、草津線も含めて滋賀県湖東地区から京都府南部の交通体系を一体的に考えなければならないと思っている。リニア新幹線の新駅へのアクセスとして、道路建設で対応するという方法も考えられるが、既存の鉄道を活用する方向で実施されることを願っている。

（＊1）滋賀県および彦根《ひこね》市・近江八幡《おうみはちまん》市・甲賀市・東近江市・米原市・日野《ひの》町・愛荘《あいしょう》町・豊郷《とよさと》町・甲良《こうら》町・多賀町の5市5町から構成される。

（＊2）京都府および城陽《じょうよう》市・京田辺市・井手《いで》町・宇治田原町の2市2町。

第4章　グルメ列車に乗って

岡山電気軌道

(1) 両備グループと小嶋社長の経営理念

岡山電気軌道は、岡山市内で路面電車などを運行する鉄道事業者で、両備《りょうび》グループに属している。両備グループは、両備ホールディングスを中核とした企業グループで、岡山県を中心に、交通事業だけでなく生活関連事業などを展開する。岡山電気軌道の社長は、公共交通の再生で知られる小嶋光信氏。小嶋氏が世に知られるようになったきっかけは、経営危機にあった中国バスの再生や南海貴志川《きしがわ》線を和歌山電鐵として再建したことで、その手腕は、マスコミや行政などからも高く評価されている。2013(平成25)年4月には、公共交通再生のアドバイザーとなることを目指す「地域公共交通総合研究所」を設立、理事長に就任している。

小嶋氏の企業経営に対する才覚は、すでに学生時代に芽生えていたという。慶応大学三田キャンパス内で貸しロッカーや家庭教師の派遣事業などを手がけており、今日でいう学生ベンチャーの走りであった。

そんな小嶋氏が最初に選んだ職種は、鉄道事業者ではなく銀行だった。小嶋氏は入行してからわずか1年半で、融資や信用取引などに関する信用の枠を供与する「与信」という重要な業務を担当することになった。その結果、さまざまな業種の企業の経営現場に立ち会うことになる。これが、公共交通事業者を再建するためのノウハウを習得する契機となった。

行員時代から辣腕をふるっていた小嶋氏に、1973（昭和48）年、大きな転機が訪れる。両備運輸という岡山を拠点とする運送会社は、慢性的な赤字を抱えていた。小嶋氏は、両備運輸の社長の娘婿だったことから、会社再建を依頼され、いきなり常務取締役で入社することになる。東京出身で土地勘がないうえ、運送の現場など経験したこともない小嶋氏だが、幸いなことに大型車の免許を取得しており、現場の運転手の前で自ら大型トラックの運転を行なってみせたという。このことは、現場のトラック運転手からすれば、「大型車が運転できる役員」というように映り、小嶋氏にとっても大型車を運転

できることが、現場を理解するうえで役に立ったという。これが両備運輸の再建だけでなく、サービスが悪くて不評だった中国バスの再建につながる。

その後の小嶋氏だが、1975（昭和50）年には両備ホールディングスの傘下にある岡山タクシーの社長に就任。1999（平成11）年には両備バスの社長に就任したことにより、両備グループの代表となる。そして、2001（平成13）年、岡山電気軌道の社長に就任したのである。

岡山電気軌道の社長になった小嶋氏は、2002（平成14）年に、「MOMO（モモ）」という愛称で親しまれている、低床式で斬新なデザインの新型車9200形を導入、従来の路面電車の古い・遅い・不快というネガティブなイメージを一新させた。また、2006（平成18）年10月には、両備バス・下津井《しもつい》電鉄とともに非接触式のICカード乗車券「Hareca（ハレカ）」を導入。岡山電気軌道は、スルッとKANSAI協議会に加盟していることから、「PiTaPa（ピタパ）」やJR西日本の「ICOCA（イコカ）」の利用も可能になった。また、2004（平成16）年には、1953（昭和28）年製造の3000形を、岡山城をイメージしたデザインにリメーク、外装を黒で統一して「KURO」と名付けた。さらに「MOMO」が好評だったことから、2011（平成23）年10月に「MOMO2」を導入している。

一方、2004（平成16）年には、南海電鉄が赤字に苦しんでいた貴志川線の廃止届を出した

漆黒の車体で「KURO」の愛称がある3000形

ことをきっかけに、翌年、和歌山電鐵を設立、貴志川線の運行を引き継いで再建に乗り出した。和歌山電鐵は、インフラ（鉄道用地）の保有と運営主体を分ける公有民営方式による経営の上下分離に加え、既存の車両を「いちご電車」「おもちゃ電車」「たま電車」といった、乗って・見て・楽しい電車に改造。また、終点の貴志駅の駅長に猫の「たま」を就任させるなど、数々の話題を提供した。

貴志駅の駅舎も建て替えた。和歌山県産の木材を多用し、外観をたまに似せている。また、駅舎内にはカフェをオープンさせ、地元の名産品のイチゴを使用したスイーツなどを提供。従業員は、ふるさと雇用の一環で、新規に地元の人を採用した。このように小嶋氏は、地産地消、地元志向を目指しており、これらは地域経済の活性化にも貢献する。

小嶋氏の経営は「積極的な攻めの経営」というイメージが強いが、たとえば、運転士であれば電車の運転だけでなく、折り返し時間に車内清掃も行なうなど、ひとりで何役もこなす徹底した合理化を行なっている。これは一般社員にかぎらず、役員でもラッシュ時などは電車の運転を行なうといった徹底ぶりからも窺える。

さらに小嶋氏は、2006（平成18）年には、広島県福山市を拠点とする中国バス（株）の再建に着手する。再建は、整理回収機構の協力のもとで行なわれ、その手法は、「企業再生スキーム」を活用した私的整理・再生手続きであり、新法人の（株）中国バスという受け皿会社を設立して社長に就任する。再建を引き受けた小嶋氏だが、バスの点呼と始業点検、バスの管理状態をみて、愕然としたという。

「車両の清掃は業者任せであり、まったくワックスがけをした形跡もなく、艶がなく薄汚れて、雨だれで無残な状態でした。油で汚れるホイールは汚いままで、エンジンルームを開いてオイルゲージを抜いてみると、その取っ手は油まみれで、抜いてみた形跡もなく、始業点検がなおざりな状態が見てとれました。原因を調べてみると、安全や整備、清掃の問題の多くは、車両に対する責任体制がないことに起因していました。運転手が、自分の商売道具であるバス車両にまったく愛情がなかったのです」と、自著「日本一のローカル線をつくる　たま駅長に学ぶ公共交通再生」（学芸出版社）で述懐している。

小嶋氏は、個々の車両担当者として運転手を指名して、担当責任制に改めた。厳正な点呼と担当責任制の導入により、現場職員だけでなく管理職も加わり、職場全体が一体となった車両管理が遂行できるようになった。そして運転手教育を行なうと同時に、円満な労使関係の構築に力を注いた。小嶋氏は、「公共交通の再生は労使関係の改善にある」と考えており、「これが不完全ならば、再生は中途半端になり、再び倒産の危機に直面する」と考えているのである。

２００７（平成19）年には、両備ホールディングスの社長に就任。２０１１（平成23）年には、松田堯会長が名誉会長に退いたため、小嶋氏が会長兼ＣＥＯに就任した。そして両備ホールディングスの社長には、松田久氏がＣＥＯＯ（代表経営執行責任者。両備ホールディングス独特の役職）を兼務する形で就任している。

(2) ワイン電車と公共の交通ラクダ

話を岡山電気軌道に戻そう。岡山電気軌道は、岡山駅前と東山を結ぶ３・０キロの東山本線と、途中の柳川から分岐して清輝橋に至る１・７キロの清輝橋線を運行する。全線が、道路上を走る路面電車（軌道線）である。

前項で記したように、路面電車のイメージを変えてきた岡山電気軌道だが、その決定打となったのが、2007（平成19）年から運行を開始した「ワイン電車」だ。

ワイン電車は、毎週金曜日の18時30分に岡山駅前を発車する。使用する車両は「MOMO2」。今では岡山の夜の観光のアトラクションとして定着し、また、10月から5月末まで運行されるため、岡山の風物詩になった感さえある。

筆者は、年も押し詰まった2012（平成24）年の12月28日、このワイン電車に乗ってみた。事前に電話で申し込み、当日、代金の3000円[*1]を支払う。車内ではワインの引換券が配られ、テーブルには「軌内食」が並べられていた。ワインは、赤と白が用意されており、グラスでサービスされる。引換券は3枚あり、グラス3杯のワインがいただける。ワインをビールへ変更することも可能で、3杯では飲みたりない人は、1杯500円で追加注文もできる。

運行経路は、18時30分に岡山駅前を出発すると、岡山電気軌道の本社がある東山へ向けて運転する。東山へ到着後は引き込み線に入線させ、トイレ休憩も兼ねて15分程度停車。その後、来た道を岡山駅前に向けて走行し、岡山駅前では再びトイレ休憩も兼ねて20分程度停車する。その後は、清輝橋に向けて走行。清輝橋では、車両を留置しておくスペースがないため、すぐに折り返す。そして20時30分頃に岡山駅前に到着し、解散となる。岡山電気軌道の全線を踏破する所要2

グラスを手に「ワイン電車」を楽しむ岡理事長。右の写真は「軌内食」。「MOMO」をかたどった容器に入っている

時間のほろ酔い旅は、あっという間にすぎてしまった。

なお、6~9月には、ワイン電車の運行に代わって、ビール電車の「ビアガー電」が運行される。ワイン電車もビアガー電も、貸切利用が可能だ。

じつは、この「ワイン電車」を企画・提案したのは、NPO法人「公共の交通ラクダ」の理事長・岡將男氏である。筆者が乗車した日は、公共の交通ラクダのメンバーだけでなく、岡氏も乗車されており、運よく車内で話を聞くことができた。

「夜の岡山は、遊ぶところが少なかったので、新し

い観光の魅力を作りだしたかったのです。それから僕が大のワイン好きだったのも影響していま
す。ラクダの活動方針は皆で楽しく、であるため、僕自身が楽しまなければ、皆も楽しくないの
で……」と、岡氏らしい言葉でワイン電車誕生のいきさつを話してくれた。そこで、軌内食とい
うしゃれたネーミングについても聞いてみた。
「『軌道』のなかでの食事なので『軌内食』と命名しました。これは、ラクダ会員からの提案です。
ワインに合うようにおつまみが中心ですが、箱はMOMOの形をしています。ものたりない人は、
車内への持ち込みも認めていますし、東山ではトイレ休憩も兼ねて15分程度停車するので、隣の
コンビニで買い物しても結構です。うちは、『車内持ち込み禁止』なんて、そういうセコイことは
いいません」
おおらかで皆で盛り上がることを楽しむ岡氏らしい言葉だ。軌内食には、スモークチキンやポ
テトチップスなど、ワインやビールに合い、女性も好みそうな軽食が用意されていた。
「MOMOのダウンライトは、ワイン電車のムードを盛り上げてくれますね。これもワインをお
いしくするための岡さんのアイデアですか」と聞くと、岡氏は、「この車両は、岡山県出身の水戸
岡鋭治さんにデザインを依頼しましたが、彼は遊び心豊かでセンスもある。車内は木材を多用し
ていることもあって、ダウンライトと相まって温かみのある内装になりました。そのせいか、ワ

イン電車は女性のリピーターが多く、乗客の半分以上は女性です。車内ではギターの生演奏もあり、これからさらに盛り上がりますよ」という。

車内はモールなどで装飾が施され、岡氏の言葉どおりギターの生演奏も加わり、ワイン電車の車内は、大いに盛り上がったのだった。

ワイン電車の最少催行人数について岡氏に聞くと、「定員は32名ですが、申し込みが10名未満の場合は、制度上は運行が中止になってしまいます。ですが、公共の交通ラクダが、20名分の代金を支払っているので、今までそのようなことはありませんでした」という。また、「貸し切りで運行する場合、ＭＯＭＯ２にはテーブルが13しかないので、定員は26名としています。ただ、座席の通路に面した部分に腰かけるようにすれば、40名くらいまでは対応可能です」とのことだった

ワイン電車には、岡山電気軌道の今村電車営業部長や喜多課長も乗っており、公共の交通ラクダのスタッフとともに、乗客のサービスにあたっていた。おふたりは、ボランティアという形での乗車だという。最後に、スタッフからカンパの依頼がきた。筆者も、気持ち程度だったが、スタッフが差し出した帽子のなかにコインを入れた。

筆者も、次々にアイデアを思いついてそれを実行に移す岡氏に、完全に脱帽である。今後は、アルコールの苦手な女性や子どもが参加できるような、岡山のマスカットや桃を活用した「スイ

ーツ電車」などを企画してほしいと思う。

ワイン電車は、運行開始から5年が経過した。約130回の運行を行ない、延べ約2700名の乗車があったという。岡氏は「市民合意と文化づくりが目的である」という。普段、自家用車しか利用していない人も、ワイン電車というイベントに参加することで、斬新なスタイルのMOMOに興味を持ち、岡山電気軌道のファンになる人も多いという。

公共の交通ラクダは、公共交通の存続・活性化に関して前向きであり、「路面電車サミット」や「バスマップサミット」でも、中心的な役割を担っている。バスマップの作成について岡氏は、「世界中の都市では、案内所に行けば無料でバスマップがもらえるが、日本ではもらえない。本来ならば行政の仕事だが、もし間違いがあれば市民などからの苦情が出ることを恐れて製作しない。それならば自分たちで作ろう」という趣旨で、岡山市のバスマップを作成したという。岡山の街で飲んだ人を対象に、バス路線だけでなく、JRなどの最終時刻を盛り込んだ「のんべえ便利マップ」という、ユニークなマップもある。これも、海外の諸都市の事例を知る岡氏の提案で実現したものだ。

(3) 岡山電気軌道の現状と将来計画

　ワイン電車に乗った年末から年が明けた翌2013（平成25）年の2月5日、岡山電気軌道の現状と将来計画を知りたく同社を訪問し、ワイン電車でお会いした今村電車営業部長と、近藤電車課課長代理から話を伺った。

　岡山駅前を10時30分に発車する東山行きに乗車。この電車はMOMOではなく、従来型の電車だったが、ラッシュの時間帯をすぎていたこともあり、乗客は10名強だった。運賃は100円と140円の2段階。「ICOCA」が使えるので、便利である。東山線は、市街の中心部を貫いており、ここで降車する人が多い。中心部を抜けると車内は閑散となってしまった。

　筆者はまず、岡山電軌の利用状況について伺った。すると今村部長は、「ラッシュ時の30分間ぐらいが混雑する」という。利用者の7割ぐらいが100円区間の利用者であり、この区間は「カルチャーゾーン」として、各種公共施設などが集中しており、そこへの訪問者が利用するという。岡山城にも近いので、観光客の利用も多いそうだ。それをすぎると小橋に「文化センター」がある程度だという。

　東山は文教地区のため、通学の中学生や高校生で混雑するが、朝の時間帯は岡山駅前から東山への利用が中心になるという。ただ、朝の市街地は渋滞するため、東山までバスで来て、路面電車に乗り換えて岡山駅前方面へ向かう人もいるとのことだった。

今後の計画だが、岡山駅前から岡山大学病院（岡大病院）へ延伸して、清輝橋までを結んで環状線化する計画と、ＪＲ吉備《きび》線のライトレール（ＬＲＴ＝次世代型路面電車）化の構想があるという。元気な街づくりをささえる地域の公共交通として、政令市にふさわしい交通ネットワークづくりに積極的に参加、協力していきたい、と今村部長や近藤課長代理も語る。また吉備線のＬＲＴ化については、小嶋社長はＬＲＴ化することで再生が可能であり、地域住民の利便性の向上が図れると考えている。今村部長や近藤課長代理は、ＬＲＴ化すると、広島電鉄のような5〜6連接車を導入して、定員を増やすか増発を行なうという現象が、岡山でも起こるかもしれないという。

ＪＲ富山港線が富山ライトレールとして再生したように、吉備線のＬＲＴ化は検討に値する構想ではあるが、いずれにせよ、政令指定都市・岡山の将来の交通のあり方については、交通事業者のみならず、市や市民らを交えた議論を重ねる必要があるだろう。

次に、ＭＯＭＯの増備であるが、今村部長は、高齢化社会が進展する日本では、低床車への置き換えが望ましいと考えている。だが、低床車は価格が高いうえ、国からの補助が3分の1しかないため、現時点で増備は考えていないが、将来に備えて検討をしていく必要があるという。

インフラ面では、２０１２（平成24）年に国から地域公共交通確保維持改善事業費補助[*2]を得て、軌道の傷んだ部分の改修を行なっている。この場合も、国からの補助は3分の1である。筆者は、小橋と中納言の2カ所の停留所は安全地帯がないので、同事業の「バリアフリー」の名目で補助を受け、安全地帯を設けることはできないのか質問した。すると今村部長・近藤課長代理ともに、「難しいかもしれない」という。理由は、「安全地帯を設けると道幅が狭くなり、自動車の通行に支障をきたすことになる」とのことだった。安全地帯を設ける場合、車道の幅員を拡張する必要があり、これに関しては、道路を管理する県や市に権限があるからだ。

最後に、ワイン電車を運行した際の収益について聞いてみたところ、電車の貸し切り料金だけが岡山電気軌道の収入となるそうだ。ワイン電車は、公共の交通ラクダが企画し、岡山電軌が運行している。ＮＰＯと鉄道会社が協力しあい、その街ならではの新しいアトラクションを生みだした点がユニークであり、成功の鍵だったのだろう。イベント電車の収益金は、公共の交通ラクダの活動を支える資金源にもなっている。

（＊1）現在は３５００円。なるべく毎回ギター演奏を行ない、カンパという形を廃止した。

（＊2）２０１１（平成23）年度より、従来の「鉄道軌道輸送対策事業費補助」や「ＬＲＴシステム整備費補助」などを統合して創設された。

豊橋鉄道

(1) 豊橋鉄道東田本線の概要

愛知県の豊橋鉄道は、新豊橋と三河田原を結ぶ全長18・0キロの渥美《あつみ》線と、豊橋市内の路面電車である東田《あずまだ》本線を運行する鉄道事業者である。東田本線は、駅前〜赤岩口間の4・8キロと、途中の井原で分岐して運動公園前へ至る0・6キロからなっている。駅前〜競輪場前間が複線で、競輪場前〜赤岩口間と井原〜運動公園前間は単線。全線が直流600ボルトで電化されている。

モータリゼーションが本格化した1970年代は、路面電車は道路の邪魔者扱いされ、受難の時代であった。全国各地で路線の縮小や廃止が相次いだ。京都や仙台のように完全に線路を撤去した都市もあり、インフラだけでなく運行ノウハウもなくなったため、復活させるにはかなり困難が伴う。1路線だけでも存続していたならば、低床式の車両を導入して、路面電車に対するイメージを向上させながら、路線を復活させることも可能なだけに、残念でならない。

軌道敷への自動車の進入を認めた都市は、渋滞によって定時運行ができなくなり、それが廃止へとつながっている。豊橋では軌道敷への自動車の進入はなかったが、1973(昭和48)年3月末かぎりで駅前〜市民病院間の0・6キロが廃止されたのに続き、1976(昭和51)年3月

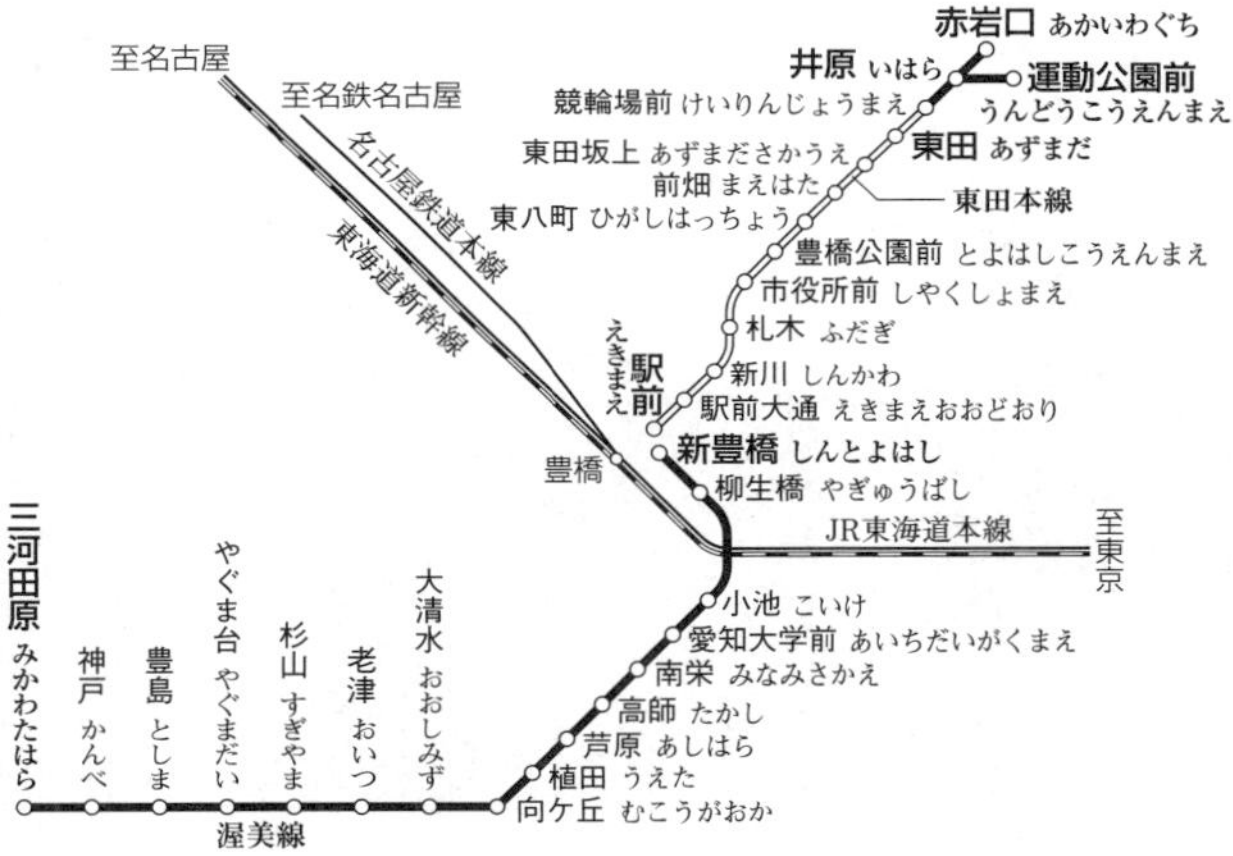

7日には、新川から分岐して、柳生橋《やぎゅうばし》までの0・9キロの柳生橋支線が廃止になっている。

そんななか、1982（昭和57）年7月31日には井原〜運動公園前間が、単線という形ではあるが開業している。4年前の1978（昭和53）年には、9月末かぎりで京都市電が全廃になっており、日本ではじつに14年ぶりの路線延長となった。

豊橋鉄道では、1990年代になって、架線柱を上下線の間に立てるセンターポール化が実施されるようになる。センターポール化を行なうと、窓から顔を出した乗客の安全性などに問題があるなどの理由から、どの鉄道事業者も消極的だったが、路面電車の冷房化が進むと、そのような心配は少なくなった。1990（平成2）年9月30日に、駅前〜新川間のセンターポール化が完成したのを皮切りに、1995（平成7）年

豊橋鉄道では路面電車のセンターポール化が進んでいる

7月27日には市役所前～東八町間が、1996（平成8）年9月5日には新川～市役所前間が完成している。センターポール化が実現したことにより、街の景観は大きく向上した。

1998（平成10）年2月19日には、駅前の停留場が豊橋駅の方向へ150メートルの路線延長という形で移設され、JRや名鉄、渥美線との乗り換えが便利になった。新しい停留場にはエレベーターやエスカレーターが完備され、バリアフリー化が図られている。

この延伸は、距離的にはわずかであっても、乗り換えが便利になり、利用者の増加をもたらした。また、2005（平成17）年3月には、駅前と新川の間に駅前大通が新設された。また同年は、老朽化した車両の更新が進んだ年でもあった。3月末かぎりで名古屋鉄道の岐阜市内線が廃止され、そこで使用されていた車両が転属してきたからだ。さらに２００８（平成20）年12月19日には、同社で初となる低床式の新型車両T１０００形が導入され、ステップがないために高齢者などの乗降が楽になり、利便性が向上した。

（2）おでんしゃ・納涼ビール電車

豊橋鉄道では毎年、冬になると、路面電車の車内で温かいおでんを食べる「おでんしゃ」を運行している。運行は２００７（平成19）年から開始され、２０１２（平成24）年度は11月16日～12月28日と、翌年１月５日～３月３日の間に運行された。「おでんしゃ」には夜便と昼便がある。夜便は毎日運行され、駅前を18時25分に出発する。昼便は、土曜・日曜・祝日のみの運行であり、駅前を11時57分に出発する。

おでんしゃに乗るには事前の申し込みが必要で、後日、予約確認のハガキが届く。料金は３５００円。

筆者は、２０１２（平成24）12月27日、おでんしゃに乗ってみた。送られてきたハガキには、「18時10分に集合」と書かれていたので、その時刻に駅前の乗り場に着くと、おでんしゃはすでに入線していた。駅前の停留場は、１本の線路で到着と発車をさばいているため、おでんしゃは奥のほうに留置されていた。間もなくすると受け付けが始まり、ハガキを見せて料金の３５００円を支払う。

案内されて車内に入ると、中央に並べられたテーブルには、おでんと「おつまみ弁当」が用意されていた。車内は提灯や暖簾で飾られ、屋台に近い雰囲気を演出している。おでんは、専用の容器に入っているが、底に発熱体が備わっており、紐を引くと石灰と水が化学反応を起こし、温かさが維持される仕組みである。カップの日本酒と枡も置かれていた。この枡は、乗車記念に持ち帰ることができる。また、おでんしゃでは、アサヒビールの「スーパードライ」の生ビールが飲み放題となるので、車内には、ビールサーバーが備えられていた。

さらに、３万５０００曲以上あるカラオケも歌い放題だ。ディスプレーが車内の前後に設けられており、歌いたい人はアテンダントにリクエストする。

豊橋は愛知県の東端に位置して静岡県にも近いため、筆者はおでんのつゆに興味があった。愛知は、名産の八丁《はっちょう》味噌を使った「味噌おでん」の本場だし、一方、静岡は、濃いつゆにだし粉や青のりをかける「静岡おでん」が知られている。それでは、おでんしゃのおでんはというと、つゆの色は比較的薄く、筆者には少々塩辛く感じたが、ちくわやはんぺんなどの練りものとの相性はよい。薬味は辛子だけでなく、味噌も用意されていた。アテンダントの方にすすめられて、ダイコンに味噌を付けて食べてみたが、「案外いける」味だった。ちなみに、おでん種は、豊橋市内に本社を構える「ヤマサちくわ」の特製おでんだった。

おでんしゃは、18時25分に駅前を出発すると、まずは運動公園前へ向かう。東田本線には追い越し設備がないため、運動公園前まで一般の電車と並行ダイヤで運行される。井原～運動公園前間には、半径11メートルの急カーブがある。この急カーブは日本一であり、連接車体のT１００0形は、このカーブを曲がり切ることができない。運動公園前でトイレ休憩も兼ねて、30分ほど停車。車内では、ビールを飲みながらカラオケを楽しむ人もいた。

19時20分になると、再び駅前に向けて出発するが、復路はじゃんけん大会が催された。アテンダントとじゃんけんを行ない、勝ち残った人はアサヒビールオリジナルグッズがもらえる。鉄道ファンの方も一度、乗車してみてはどうだろう。電車は19時45分、駅前電停に到着して解散となった。

２０１３（平成25）年1月19日、静岡市清水区の「清水テルサ」で開催された第11回「中部地区路面電車サミット」において、豊橋鉄道の担当者とお会いする機会があったので、お話をした。

筆者はまず、おでんしゃが昼便を運行するなど、柔軟に対応している点について聞いてみた。

にぎやかな装飾が施された「おでんしゃ」。車両はモ3200形3203号で、元は名古屋鉄道モ580形

すると担当者は、「昼便の運行は、お客さまからのご要望が多く、夜便だけではお応えできないことや、女性の方から『お酒はほどほどでもいいから昼間に運行してほしい』また、『子ども連れで参加したい』というご希望もあったので、実施するようにしました」とのことだった。

実際、おでんしゃに乗車してみると、男性客に混じって女性客の姿も目についた。当日は、約4割が女性だったし、子どもを連れて参加している人もいた。

おでんしゃに使用されていた車両には、上の写真のように、派手な装飾が施されてあったので、おでんしゃで使用するとき以外はどうしているのか気になっていた。

担当者は、「通常は装飾を外し、豊鉄オリジナルカ

「おでんしゃ」で提供されるおでんと「おつまみ弁当」。カップの日本酒と特製の枡も用意されている

ラーの一般営業車・貸切電車として運行しています。また、毎年10月に開催される豊橋まつりでは、造花で装飾した『花電車』として運行しています」という。

筆者は、おでんしゃや納涼ビール電車は、豊橋の風物詩として定着したと考えており、おでん種なども地元企業の製品を使用しているので、地域おこしに貢献しているように感じた。この点を担当者に聞くと、２０１１（平成23）年までは某大手メーカーのおでんが提供されていたが、２０１２（平成24）年からヤマサちくわから提供いただくことになったという。

おでんしゃで提供されるおつまみ弁当も、地元の事業者の協力を得て、味だけでなく価格も加味して選定しているという。おでんしゃでは、おでんがメインなので弁当の中身は文字どおりおつまみ程度だが、納涼ビール電車ではより充実した内容の弁当になるそうだ。

その納涼ビール電車は、おでんしゃよりも歴史が古く、1992（平成4）年に運行を開始しており、2013（平成25）年度は、6月14日から9月23日まで運行された。納涼ビール電車は毎日2便が運行され、1便は駅前を18時に出発する。2便は20時の出発である。1便は、19時20分頃に駅前に戻ってきて、それから留置エリアで車内清掃と積み込みを行なう。土曜・日曜・祝日には、駅前を11時57分に出発する昼便も運行されている。料金は3000円と、おでんしゃより少し安めの設定。ちなみにビールは、キリンの「一番搾り」である。

小湊《こみなと》鐵道

(1) 小湊鐵道の概要

小湊鐵道は、千葉県市原《いちはら》市に本社がある、鉄道やバスを運行する会社である。鉄道路線は五井と上総中野を結ぶ全長39・1キロの小湊鐵道線で、五井でJR内房《うちぼう》線と、上総中野でいすみ鉄道と、それぞれ接続する。

会社の設立は1917（大正6）年5月19日。建設資金を確保することに苦労したため、最初の区間である五井〜里見間の25・7キロが開業したのは、8年後の1925（大正14）年3月7日だった。開業当初は、アメリカのボールドウィン社が製造した小型の蒸気機関車が、客車を牽引していた。小湊鐵道の資料によれば、営業を開始した当時は従業員数が130名、機関車が3両、客車が16両、貨車が16両であり、乗客は1日平均930名だったという。

小湊鐵道という社名は、誕生寺への参拝客輸送を目的に安房《あわ》小湊を目指して着工されたことに由来する。五井から安房小湊までの鉄道敷設免許を取得していたが、資金不足だったうえ、当時の土木建築技術が低かったため、工事はトンネルや長大な橋梁を回避して段階的に進められた。小湊鐵道には5つのトンネルがあるが、最長の大久保トンネルでも421メートルである。上総中野には、1928（昭和3）年5月16日に達し、今日の小湊鐵道が全通した。

1934（昭和9）年8月には国鉄木原線（現・いすみ鉄道）が、大原から上総中野まで開通した。直通運転は実施されなかったが、これにより鉄道で房総半島の横断が可能となった。このため、同駅より先の建設は行なわれなかった。

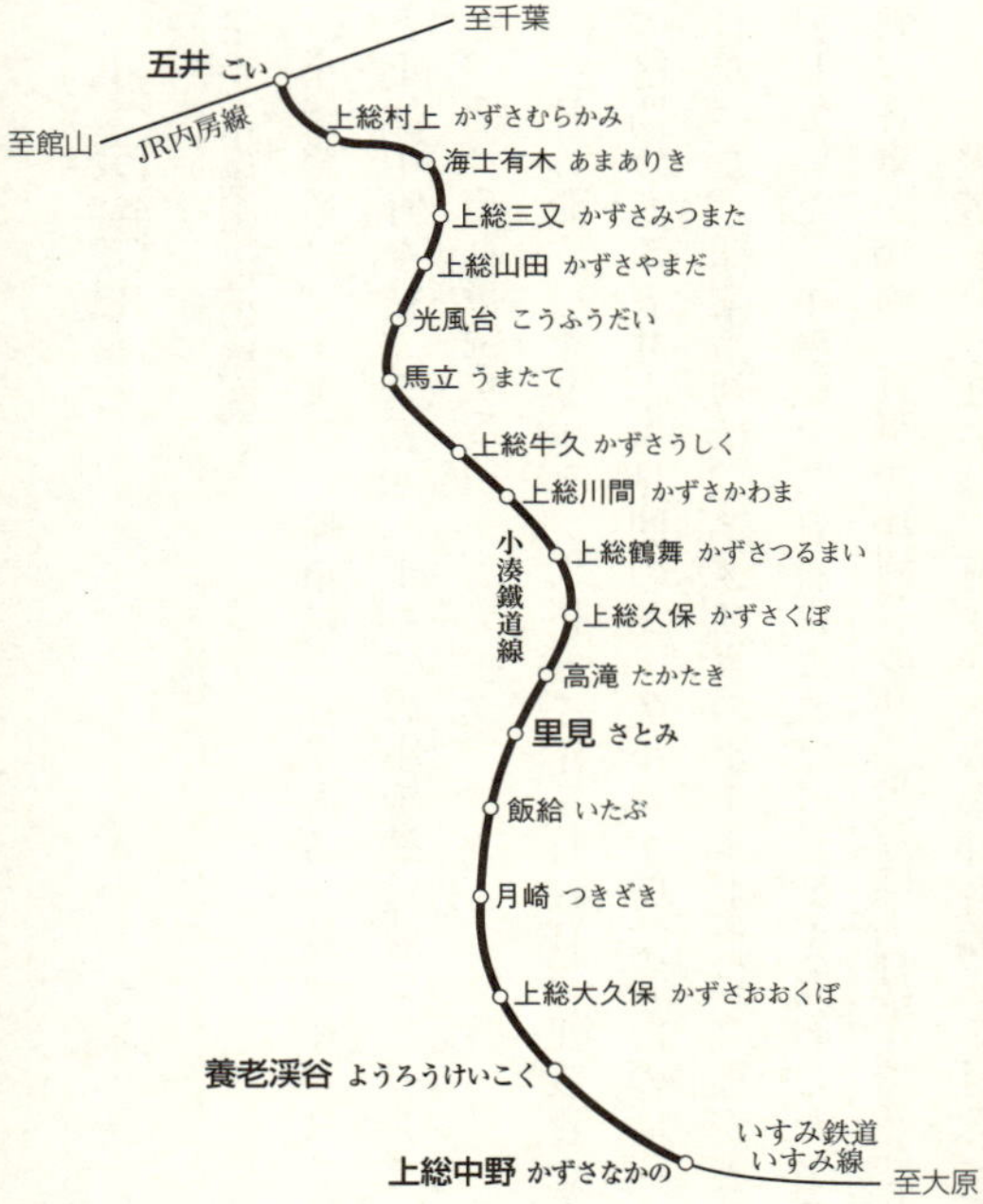

小湊鐵道は設立当初から安田財閥に属していた。これは資金難から、安田善次郎に出資を依頼するための陳情団を送ったことに由来する。しかし、戦時中の陸運事業者の統合政策により、株式の大半が京成電鉄に買収され、1942（昭和17）年12月に京成電鉄の系列会社となった。
1970年代になると、京成電鉄

は不運な時代を迎える。期待していた成田空港の開港が予定よりも大幅に遅れ、自力で路線を建設したにもかかわらず、1972（昭和47）年に空港アクセス特急として導入した「スカイライナー」は、本来の形での運行ができず、車庫で休んでいることが多かった。そのうえ、スカイライナーの放火事件が発生するなど、京成電鉄は経営危機に陥った。

そこで京成電鉄は、資産整理のために持ち株を放出し、その結果、九十九里鉄道[*1]が小湊鐵道の株式を取得、筆頭株主となった。一方で小湊鐵道は、社長名義で九十九里鉄道の株を持つ形態となった。これにより京成電鉄の出資割合は大幅に下がってしまった。[*2]

小湊鐵道の筆頭株主が京成電鉄ではなくなったため、同社の子会社としては扱われなくなったが、京成電鉄の役員などが小湊鐵道へ出向しているため、京成電鉄は小湊鐵道を傘下に置いていることになり、持分法が適用される。それゆえ京成電鉄の関連会社として扱われるが、京成グループというよりは小湊グループを形成しているといえる。小湊鐵道の現在の資本金は2億2500万円で、577名の従業員がいる。

小湊鐵道は、鉄道事業以外にバス事業も実施しており、路線バスだけでなく観光バスも運行している。バス事業は、鉄道事業と比較すれば歴史は浅い。その起源は、1933（昭和8）年、小湊鐵道が袖ケ浦《そでがうら》自動車[*3]の経営権を得て、内房地域で路線網を拡張したことに始まる。

会社の規模が大きくなると合資会社では資金調達などが難しいことから、袖ケ浦自動車は株式会社化される。太平洋戦争が勃発すると、国策によって交通事業者の統合が図られ、外房地域にあった多数のバス事業者を合併。その結果、袖ケ浦自動車は房総半島の中央部を東西に横断する広大な事業エリアを確立する。その後、1947（昭和22）年7月1日に、小湊鐵道は、傘下にあった袖ケ浦自動車を合併した。

2012（平成24）年3月末の時点で、乗合バスの営業キロは1282・624キロ、路線数249系統、営業所2カ所、242台のバスを所有している。路線バスのなかでも、東京湾横断道路であるアクアラインを経由して木更津《きさらづ》〜品川間、五井〜新宿間などを結ぶ高速バスは、1時間強で品川や新宿に到着するため、通勤・通学で利用する人も多い。一方、長距離や夜行の高速バスは運行していない。

(2) 懐石料理列車

小湊鐵道の目玉商品は、なんといっても「懐石料理列車」である。季節ごとに「夜桜懐石料理列車」「菜の花懐石料理列車」「新緑懐石料理列車」などと名称が変わる。

五井駅で発車を待つ、特製ヘッドマークを掲げた「懐石料理列車」

懐石料理列車は、２００３（平成15）年12月３日から運転が開始された。後出の黒川鉄道部長によると、「明知鉄道を見習って開始した」そうだ。五井駅構内（連絡通路）で駅弁などを販売している会社の社長に、「明知鉄道が実施しているように、車内で懐石料理を提供することはできないか」と相談したことが始まりだという。今では年間の利用者が約１０００人にもなり、県外から乗りに来る人やリピーターも多く、小湊鉄道の名物になっている。筆者が乗車した２０１３（平成25）年４月10日は、35名の参加があったが、男性は筆者も含めて３名だけだった。

懐石料理列車の運行は、４月から12月上旬までで、月に２〜３回程度実施される。ただし、桜のシーズンの４月は４〜５回程度実施される一方、夏は食中毒を防ぐ意味もあって実施されない。

「懐石料理列車」で提供される料理。料理は季節に応じて変わる

懐石料理列車は2両編成で運転されるが、上総中野寄りの1両が専用車で、特製のヘッドマークが取り付けられる。また、30人以上の団体予約が入ったときは、団体専用車としてさらに増結して対応するという。料金は4000円。乗車日の1週間前までに申し込み、代金は当日、ホームで受け付けを行なっている係員に渡せばよい。代金を支払うと1日フリー乗車券が渡される。

懐石料理列車は、10時50分頃に五井駅構内にある車両基地から千葉方向へ向けて動き出し、スイッチバックする形で入線。車内はロングシートだが、座席の前に長いテーブルが並べられ、乗客は、自分の名前が書かれた座席に座ることになる。懐石料理列車のダイヤは、五井駅を11時5分（休日は10時59分）に発車して、養老渓谷駅に12時9分（同12時4分）に到着する（夜桜懐石料理列車を除く）。

五井駅を発車するとさっそく、添乗している若い池田社員から料理の説明があり、つづいて車窓の案内が始まった。小湊鐵道にはレトロな駅舎が多くあり、駅に着くたびに、その駅にまつわる話を聞かせてくれる。上総川間は、氷川きよしの「櫻」という歌のプロモーションビデオの撮影が行なわれた駅。上総鶴舞は1998（平成10）年に「関東の駅百選」に認定され、「ベンチや改札口などすべて木製」という。時間があれば途中下車したい駅だ。高滝では花火大会が実施されることがあり、そのときは見物客を輸送するため、4両編成に増結されるという。車内アナウンスだけでなく、クイズを出題したり小湊鐵道のグッズを販売したりと、池田社員は大忙しだった。

池田社員によると、里見は2013（平成25）年3月のダイヤ改正までは無人駅だったが、駅周辺の小学校への統廃合が進んだことから、安全確保も兼ねて職員を配置するようになったという。列車は、その里見をすぎると山間部へと入っていく。1000メートルを超えるような標高の高い山はないが、意外と山深い。里見から先には列車交換できる駅がなく、里見駅を発車した列車が上総中野まで行き、折り返して里見駅に戻って来ないかぎり、次の列車は発車できない。

懐石料理列車の終点の養老渓谷は、房総半島の奥座敷。周辺には養老渓谷温泉の旅館などがあり、日帰りで入浴することもできる。秋には紅葉狩りで多くの観光客が訪れる。駅構内にも足湯があり、小湊鐵道の利用者は無料で浸かれる。懐石料理列車はここで解散となり、復路はそれぞれ都合のよい列車で五井へ戻ることになる。養老渓谷へ向かうバスも接続しており、それに乗車した人もいた。

列車は数分間、停車した後、五井寄りに連結されていた車両は新しい乗客を乗せ、五井へ向けて出発する。池田社員には、これから懐石料理列車の車内清掃などの後片づけが待っている。

小湊鐵道の終点は次の上総中野だが、ここから分水嶺を越えることもあり、駅間距離は4・2キロと長い。この末端区間は利用者が少ないため、3往復しか列車が設定されていなかったが、2013（平成25）年3月のダイヤ改正からは6往復になった。上総中野は無人駅で、いすみ鉄道とは、線路はつながっていない。ただし、接続は比較的よく、5～20分で接続する。

（3）小湊鐵道の現状について

筆者は、懐石料理列車の乗車を終えた後、小湊鐵道の現状などを伺うために、本社鉄道部の黒川部長を訪ねた。

まずは、現在の経営状況について、黒川部長は、「高速バス事業が最も利益率が高く、当社の稼ぎ頭です」という。鉄道事業に関しては「収支均衡」とのことだった。小湊鐵道といえば「赤トンボツアー」という観光バスを用いた主催旅行を積極的に行なっているという印象を持っており、それについて聞いてみた。黒川部長によると、「バブル期などは、年間で1万2000名程度の利用があり、関東はもちろん、東北や中部地方の名だたる温泉地などへお客さまを送り込みましたが、最近は年間で4000人にまで減少しています」とのこと。大手旅行会社の台頭や、旅行形態の変化と旅行者の高齢化などが要因だという。現在、赤トンボツアーなどで使用する貸し切りバス事業は、営業所4カ所、計33台の車両で営業しているという。

小湊鐵道も、近年の少子高齢化の影響で利用者が減少傾向にある。そこで懐石料理列車だけでなく、2010（平成22）年4月3日からは、自転車を輪行バッグに入れなくても、そのまま列車に持ち込めるサービスを始めたという。各種団体が企画したサイクルトレインでは、1両に50台の自転車を積み込んだこともあったそうだ。

小湊鐵道では、もうひとつの増収策として、2003（平成15）年1月から五井駅構内で気動車の体験運転を実施している。体験料は5000円（昼食付き）。黒川部長に体験運転の利益率などを聞いてみたところ、「収入も多いが人件費もかさみます」。事前講習に1名、指導運転士が2名、保安要員として2名、世話係が1名必要だという。そのうえ、1回の講習の参加人数は20名が限度だという。黒川部長の話を伺い、体験運転は、たしかに利用者にとっては魅力あるイベントだが、安全第一の鉄道事業者にとっては、手間のかかる商品であることを実感した。

小湊鐵道では、「歌声列車」も実施している。こちらも人気が高く、特製のヘッドマークを掲げて運転される。料金は2300円。内訳は、フリー乗車券が1700円、楽曲の管理団体への著作権使用料が300円、歌集代が300円だそうだ。車内では、アコーディオンやキーボードの伴奏にあわせて、皆で声をあわせて歌うそうだ。

しかし、これらの経営努力を行なっても、通学需要の減少をカバーするまでには至っていない。現在の1日あたりの利用者数は約4000人と、ピーク時の1973（昭和48）年の3分の1程度になってしまったという。

（4）房総半島横断鉄道構想の可能性と今後の計画

前記のとおり、現在、上総中野で小湊鐵道といすみ鉄道の線路はつながっていないが、ポイントなどを設ければ直通運転もできそうだ。利用者からの要望もあるという。実際、いすみ鉄道の鳥塚社長は、小湊鐵道と相互乗り入れを行ない、房総半島横断鉄道の夢を掲げていたことがある。

黒川部長に、その旨を質問したところ、「接続は重視しますが、相互乗り入れの計画はありません」という返事が返ってきた。そして、以下の2点の問題点を指摘された。

ひとつは保安システムで、両社が採用しているATS（自動列車停止装置）などの保安装置が異なるため、車両の改造が必要となること。

もうひとつは、現在は無人駅となっている上総中野に運転取扱者を配置する必要があること。交代要員まで含めると3名は最低でも必要であり、1日あたり両社あわせても150人以下の乗車人数の同駅に、そのような人員を配置することは困難だという。

黒川部長は、「当社にとって、養老渓谷と上総中野間は駅間距離も長いうえにトンネルなどもあり、保守するだけで大変です」という。養老渓谷駅も春や秋の行楽シーズンにはにぎわうが、年間でみると1日あたりの乗車人数は100名程度だという。「考えれば考えるほど、実現が困難であることを痛感します」

現在、両社は共同で、「房総横断乗車券」という企画乗車券を1600円で販売している。当面は、このような販売面でのサービスと接続改善などで利用促進を図るしかないだろう。

小湊鐵道には、現在、キハ200形という気動車が14両在籍している。このなかには、製造から50年以上経過している車両もあるので、車両の更新計画など、今後の事業計画についても伺った。この点について黒川部長は、「車両の取り換え計画はなく、既存の車両をさらに延命化して使用する」そうだ。さらに、地域公共交通確保維持改善事業のバリアフリー項目により、「国から補助金をもらい、駅のホームと車両間の段差解消は検討されないのでしょうか」と尋ねたところ、「補助金といっても3分の1しかないため、当社の体力では実施できません」とのことだった。

小湊鐵道の鉄道事業は、ここ数年、収支均衡から若干の黒字である。それは、懐石料理列車を運行するなど、さまざまな経営努力によるものだろうが、さらに、宝くじの売り上げ基金を活用したり、他社で行なっているような各種オーナー制やネーミングライツなどで資金を得て、小湊鐵道のイメージアップを図るためにも、前向きな設備投資を実施する必要性があるのではないだろうか。

（＊1）1961（昭和36）年に東金〜上総片貝間の鉄道路線を廃止し、現在はバス事業のみを行なう。

（＊2）2005（平成17）年3月末時点では、九十九里鉄道が49・9％、京成電鉄が30・0％の株式を保有していた。ところが2007（平成19）年3月期に京成電鉄の株式の11・0％を九十九里鉄道が取得するなどした結果、2012（平成24）年3月末現在では九十九里鉄道が63・77％の株式を保有している。

（＊3）袖ケ浦自動車は、1927（昭和2）年に合資会社として設立され、当初は大多喜街道周辺のみで営業していた。

第5章

副業に活路を見いだせ！

伊《い》予《よ》鉄道

(1) 伊予鉄道の沿革と郊外電車

伊予鉄道は愛媛県松山市に本社を置き、中予地方で鉄道・軌道(路面電車)、路線バス・貸し切りバス事業を展開している会社で、百貨店、旅行代理店、観光関連、自動車整備、人材派遣などを含む伊予鉄グループの中核企業である。伊予鉄道の創立は1887(明治20)年。創業者は、松山藩士で維新後は県の官吏や県議を務めた小林信近《のぶちか》である。運行開始は翌年の10月28日、高浜線の松山(現・松山市)~三津間で、これが中国・四国・九州も含めて最初の鉄道だった。2012(平成24)年9月14日には創立125周年を迎えた。

その頃の三津は、大阪方面へ物資を運ぶ港町としてにぎわっており、松山とは三津街道で結ばれていた。小林はヒノキを切り出し、板や柱にして大阪などへ運んでいた。だが、この道は平坦ではあったが運送費が非常に高く、距離が短いにもかかわらず三津~大阪間の海上運賃よりも高かったと、伊予鉄道創立125年史「道はみらいへ」に記されている。それゆえ小林は、交通機関を改善する必要性を強く感じており、独自に研究を進めていたという。

当時は、官営鉄道や日本鉄道、山陽鉄道などの民営鉄道会社は、軌間1067ミリで鉄道を敷

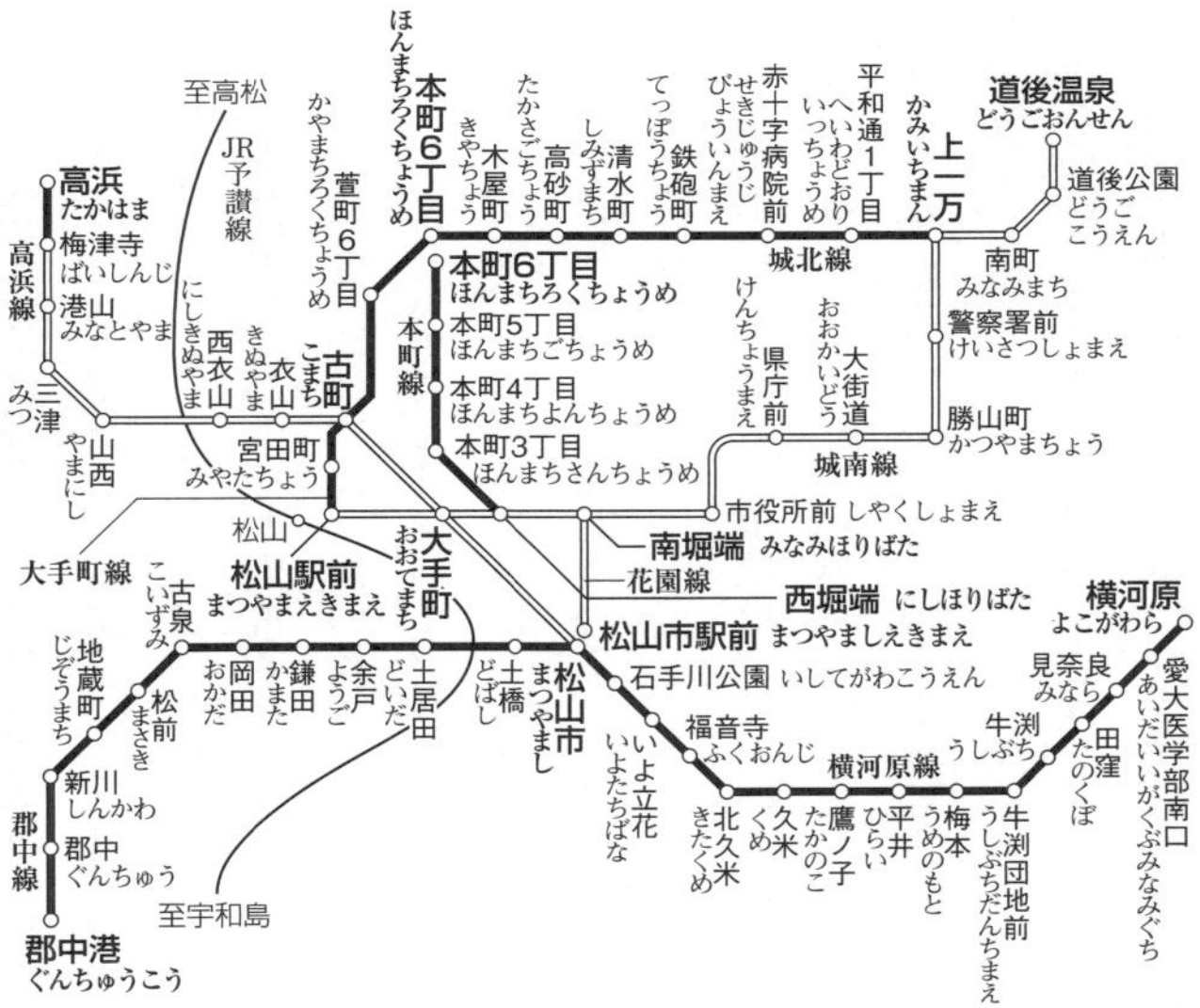

設していたが、小林は費用対効果などを考えると松山〜三津間には、軌間７６２ミリの軽便鉄道が最適であるという結論を得た。自動車などなく、馬や人力車、徒歩が一般的な交通手段だった頃の軽便鉄道は、これらの輸送モードよりも速達性で優れていたため、画期的な変革であった。

　軽便鉄道として開業した伊予鉄道だったが、１９２７（昭和２）年に国鉄予讃《よさん》本線が松山まで開業すると、利用者が国鉄へ流れたこともあり、競争力を強化する必要性が生じた。そこで１９３１（昭和６）年に高浜線の電化と、１０６７ミリゲージへの改軌が実施された。その後は横河原線と、現在は廃止されて存在しない森松《もりまつ》線の改軌を実施、１９３

7（昭和12）年には郡中線の改軌も実施された。
　このように現在では、「郊外電車」と呼ばれる高浜線（高浜〜松山市間9・4キロ）、横河原線（松山市〜横河原間13・2キロ）、郡中線（松山市〜郡中港間11・3キロ）の全線が1067ミリゲージを採用し、高浜線が直流600ボルト、横河原線と郡中線が直流750ボルトで電化されている。複線区間は、高浜線の松山市〜梅津寺間の8・2キロ。これらの路線は、京王電鉄で使用されていた電車などによって、日中15分間隔の等間隔運転が実施されている。運賃面では、2001（平成13）年4月16日に、初乗り運賃を150円にすると同時に、17キロ以上も600円均一にする値下げを実施している。[*1] 運賃の改定は同年10月1日にも実施され、50円刻みにしたことで値下げになる区間が生じた。[*2]
　郊外電車のなかでも高浜線は、松山観光港へのアクセスも担っている。現在は、高浜〜松山観光港間にはシャトルバスが運行されているが、将来的には松山観光港まで鉄道線を延伸する構想がある。この場合、公設民営の上下分離方式で整備されることになるだろうが、具体化には至っていない。
　伊予鉄道には、非接触式のＩＣカード乗車券が導入されており、郊外電車だけでなく、市街を走る路面電車や路線バスはもちろんのこと、市中の飲食店などでも使用が可能となっている。

（2）市内電車と坊っちゃん列車の復元

伊予鉄道は、173ページの図のような「市内電車」と呼ばれる路面電車も運行している。市内線は150円の均一運賃である。路線としては、城南線（道後温泉～西堀端間3・5キロおよび平和通1丁目～上一万間0・1キロ）、本町線（西堀端～本町6丁目間1・5キロ）、大手町線（西堀端～古町間1・4キロ）、花園線（松山市駅前～南堀端間0・4キロ）と、城北線（古町～平和通1丁目間2・7キロ）の5路線がある。なお、城北線は専用軌道で遮断機も設けられており、車両は他の線区と共通で使用されるが、鉄道事業法に基づいて運行されるため、「軌道」ではなく「鉄道」の扱いとなっている。

実際の運行路線としては、松山市駅前を基点に松山城を囲む形で運行される環状運転が中心。以前は、南堀端から市街の中心地である大街道を経由する東回りの方向に運転されていたが、1969（昭和44）年12月1日より西回りも運転されるようになった。これ以外に、道後温泉～松山市駅前間、道後温泉～松山駅前間、道後温泉から西堀端を経由して本町6丁目を結ぶ系統が運行されている。

南堀端～上一万の間は、すべての系統が集中するため多頻度の運行となっている。また、複線

レトロな外観が特徴の道後温泉の駅舎

になっている区間は、松山駅前〜道後温泉間と松山市駅前〜南堀端間。なお、本町6丁目では本町線と城北線が接続するが、線路がつながっていないため、直通運転はできない。

市内電車は、幹線道路上を走行することが多いが、軌道敷への一般の自動車の進入が禁止されているため、定時運行が担保されている。低床式の新型車両は、2002（平成14）年3月、モハ2100形が導入された。この電車は、停留所との段差がないために乗降が楽になっただけでなく、走行音も静かなので利用者には好評である。

市内電車の今後であるが、松山市では、JR松山駅は市街の中心からやや離れた位置にあり、かつJR予讃線が市街地を東西に分断していることを問題視している。そこで、松山駅付近の連続立体交差化事業を行ない、東西方向の流れを円滑化させたいとしている。事業は、2020（平成32）年度を目標に完成させる予定であり、これと並行して駅周辺の区画整理事業、駅前広場の整備を行なう計画である。この一環で、将来の松山空港への乗り入れも視野に入れ、市内線を駅前広場に乗り入れさせたいとしている。

現在、ＪＲの松山駅から市内電車の松山駅前へ行くには、横断歩道がないため、いったん、地下に下りなければならない。熊本駅のように駅前に乗り入れて、屋根を設ければ、乗り換えの利便性は大きく向上するだろう。

松山市の計画では、松山駅の高架化が完成した暁には、松山駅の北側の道路に軌道を敷設し、南江戸５丁目の国道１９６号線と交差する地点までの７００メートルを、延伸させたいとしている。ＪＲ松山駅の西側は、ややさびれた感があるので、路面電車の延伸を契機ににぎわいを創出してほしいものである。計画では、延伸する区間の道路を一般車両の通行を制限するトランジットモール化して、歩いて楽しい街づくりを推進する構想もある。

この計画とは別に、かつて横河原線のいよ立花から分岐していた４・４キロの森松線を路面電車で復活させる要望と、県立「とべ動物園」のある砥部《とべ》町への延伸を要求する意見がある。森松線は、１９６５（昭和40）年11月末に廃止されたが、１９５４（昭和29）年までは「坊っちゃん列車」が煙を吐きながら客車を牽引していた路線である。

ジャッキアップして方向転換をする「坊っちゃん列車」の機関車

市内電車の最大のトピックは、軽便鉄道時代に「坊っちゃん列車」として親しまれていた蒸気機関車のレプリカが小さな客車を牽引して運転していることである。運転開始は2001（平成13）年10月12日。運転系統は、古町から松山駅前を経由して道後温泉を結ぶ列車と、松山市駅前と道後温泉を結ぶ列車がある。平日は、前者が3往復で後者は8往復の運転。土曜・休日になると、前者は3往復のままだが、後者は10往復となる。運賃は、市内電車とは別で300円。

機関車の外観は、当時の蒸気機関車の雰囲気をよく伝えているが、駆動はディーゼルエンジン。汽笛を鳴らし、演出として煙突から煙を出すこともできる本格派だ。

客車の車内も明治時代そのもので、木製の座席と窓枠が採用されている。レトロな制服を着た車掌も乗務しており、観光案内も兼ねた車内アナウンスを実施。冷暖房もなく、乗り心地や居住性からも明治時代を体感することができる。

ところで、坊っちゃん列車の方向転換だが、古町、松山市駅前、道後温泉の各停留所には転車台がない。このため、機関車と客車を切り離してから機関車をジャッキアップして、向きを変えている。そんな作業を眺めてみるのも楽しいだろう。

(3) 副業の変遷

伊予鉄道では、1959（昭和34）年頃から経営多角化へ舵を切る。その第1弾が、戦災後そのまま放置されていた一番町の駅舎跡の用地の活用だった。その跡地に、文化ホールや結婚式場を併設した「伊予鉄会館」を建設。このビルには、当時としては珍しかった電光ニュースが備わっていたという。この伊予鉄会館を皮切りに、ホテル・旅館、温泉施設の経営、賃貸ビルの建設・経営、不動産業などへ、事業を拡大していくことになる。

現在の伊予鉄グループの収益であるが、鉄軌道事業が全事業の3分の1、バス事業が3分の1、そして残りの3分の1が関連事業である。鉄軌道事業は単体で黒字経営を行なっており、バス部門は全体では赤字であるが、都市間の高速バスは基幹事業となっている。

関連事業であるが、現在は土地・建物に関係する貸しビル事業が中心である。筆者は、駅構内に売店などがあり、道後温泉では坊っちゃん列車関係のグッズを販売していることや、以前は「梅津寺パーク」という遊園地と観光ホテルを経営していたため、「関連事業に力を入れている企業」というイメージを持っていた。売店やグッズの販売は、伊予鉄不動産というグループ会社が実施している。また梅津寺パークは、施設の老朽化や少子化の影響もあり、2009(平成21)年3月15日で閉園しており、その跡地は地元のプロサッカークラブ愛媛FCの練習場になっている。

梅津寺は、戦前には、大阪でいえば浜寺海水浴場のようなところだったらしい。松山近郊の海水浴場としてにぎわっており、付近には海水の浴場(温泉)があったという。伊予鉄道では、1936(昭和11)年に「梅津寺遊園地」の建設に着手しており、海水浴場、温泉、遊園地を備えた一大観光施設となった。その後は、レジャー・観光ブームを背景に大改造を行ない、1963(昭和38)年に梅津寺パークとして開園している。

しかし、リニューアル開業したにもかかわらず、周辺の環境の変化やレジャーの多様化などの影響を受け、松山のレジャーランドとしての地位は低下していく。観光ホテルも閉鎖し、しばらくは子会社が飲食店などを経営していたが、それも廃止になっている。観光ホテルは、梅津寺駅の東側にあったが、筆者が訪れた2013(平成25)年2月4日には、跡地は更地として放置さ

松山市駅前に停車中のモハ2100形

れていた。駅周辺にも人影はなく、ひっそりと静まり返っていた。

関連事業となれば、やはり貸しビル事業である。その中心となるのが、松山市駅の駅ビルに出店する髙島屋だ。駅ビルが建っている場所は、1999（平成11）年9月まではバスターミナルだったが、周辺には、商業施設やサービス機能が集中しており、交通渋滞や放置自転車をはじめ、都市環境・景観上の課題も多く、地元から再開発が強く望まれていた。そこでバスターミナルを撤去して、その跡地に百貨店の増床を目玉とした伊予鉄ターミナルビルの増築を行なうことになった。これは、松山市駅前再開発事業の一環であり、松山市駅を核とした周辺地区の活性化が目的であると同時に、総事業費200億円にのぼる社運をかけた一大プロジェクトであった。

ターミナルビルは２００１（平成13）年10月に竣工し、翌年３月１日に髙島屋と資本提携を行ない、それまでの「いよてつ百貨店」は「いよてつ髙島屋」となり、髙島屋の運営ノウハウを積極的に取り入れた店舗運営を行なっている。

（＊１）それまでは17〜19キロが６４０円、19〜21キロが６９０円、21〜23キロが７４０円、23〜25キロが７９０円だったが、この改定により17キロ以上は６００円となった。

（＊２）従来は3〜4キロが２１０円、4〜5キロが２３０円だったが、3〜5キロが２００円に、5〜6キロが２８０円から２５０円に値下げ。7〜9キロが３６０円から３５０円に、9〜11キロが４２０円から４００円に、11〜13キロが４８０円から４５０円に、13〜15キロが５４０円から５００円に、15〜17キロが５９０円から５５０円に値下げした。

銚子電気鉄道

（1）銚子電気鉄道の概要

千葉県の銚子電気鉄道（以下、銚子電鉄）は、銚子と外川を結ぶ6・4キロの銚子電気鉄道線を運行する鉄道事業者である。銚子でJR総武本線と接続している。今日の銚子電鉄の路線が開業したのは、1923（大正12）年7月5日のこと。それ以前に、銚子遊覧鉄道という社名の鉄道があったことからも推察されるように、沿線の犬吠埼《いぬぼうざき》は、当時から関東でも有数の景勝地だった。そのため、遠方から観光で訪れるような富裕層向けの鉄道という色彩が濃かったようだ。1925（大正14）年7月1日に全線が直流600ボルトで電化され、1948（昭和23）年には社名をそれまでの銚子鉄道から現在の銚子電鉄に変更している。

銚子電鉄は現在も、犬吠埼や屏風ヶ浦《びょうぶがうら》などを訪れる観光客の足となっているほか、通勤・通学輸送にも活躍している。しかし、平均駅間距離が0・7キロと短いために時間を要し、全線が単線であるうえに列車交換設備のある駅は笠上黒生だけのため、30分間隔の運転とならざるを得ない。

銚子市は、1985（昭和60）年4月から10月まで放映されたNHKの朝の連続テレビ小説「澪《みお》つくし」の舞台となり、再び、脚光を浴びることになる。このドラマで描かれたのは、大正末期から終戦後の激動の時代だったが、銚子電鉄や漁師町の外川などが登場している。当時の銚子電鉄は旧式の電車ばかりだったので、このドラマのロケには適していた。

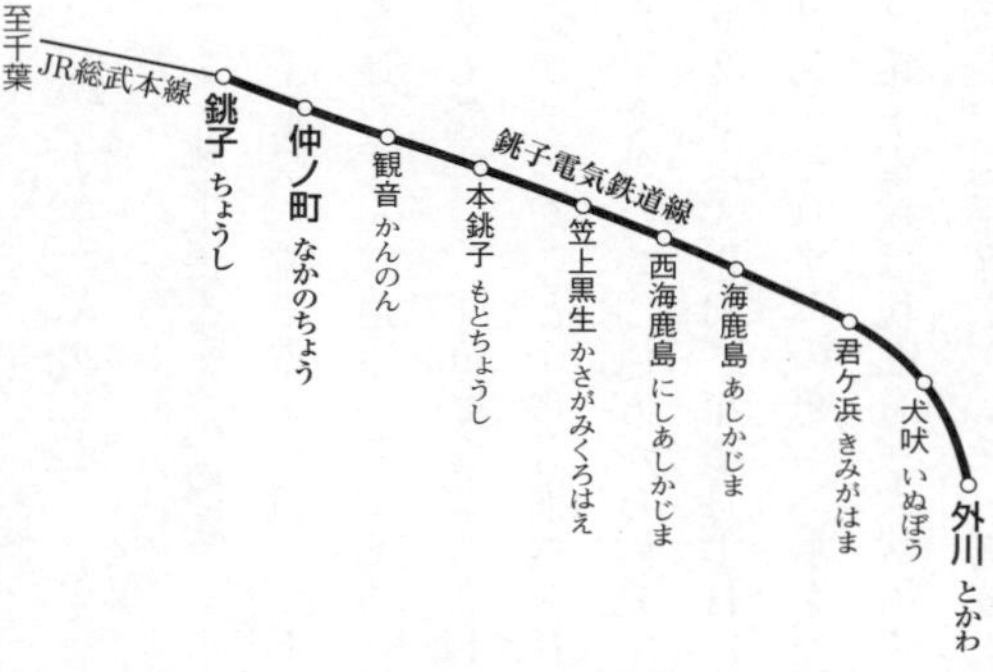

　このドラマは、今では考えられない最高視聴率55・3％を記録するヒット作となった。その影響で銚子を訪れる観光客は増加。銚子電鉄もこの人気に便乗して、貨車を改造したトロッコ列車「澪つくし号」を運行していた。

　だが、1990年代になるとブームも去り、観光客も落ち着いた頃に、銚子電鉄は経営危機に直面することになる。その原因のひとつに経営権の移転があった。同社の経営権は、京成電鉄系の千葉交通が所有していたが、1990（平成2）年1月、千葉県東金《とうがね》市の総合建設業である内野屋工務店に移り、子会社として銚電恒産が設立された。これにより、銚子電鉄は銚電恒産の子会社となる。そして社長には、銚電恒産の親会社である内野屋工務店の内山社長が兼任で就任した。

そんななか、1997（平成9）年に国からの欠損補助という制度が廃止され、設備更新を行なう際に支給される近代化補助[*1]に一本化される。この背景として国の財政難もあるが、欠損補助が行なわれていると経営者が安易に補助金に頼り、経営の効率化を怠ることも要因として挙げられる。

一方、バブル崩壊後の建設業界は、受注が激減して経営が苦しくなっていた。そして1998（平成10）年6月、親会社である内野屋工務店は、781億円の負債を抱えて自己破産を申請する。[*2]このことが、銚子電鉄の第1回目の経営危機の始まりの序章だった。幸いなことにこのときは、千葉県と銚子市が支援を行なうことになり、銚子電鉄の倒産は免れた。ところが、2003（平成15）年5月から7月の間に、内山社長が借入金を横領していたことが発覚、それを理由に解任される事態となる。

しかし、内山社長が作った借金は、銚子電鉄が返済せざるを得なくなってしまった。その結果、収入は利息の支払いに消えることになり、これが原因で、千葉県と銚子市からの補助金が停止となっただけでなく、金融機関の融資凍結を招くことになり、経営の危機が本格化した。そして2

006（平成18）年11月には、車両の法定検査が行なえないという事態に陥った。これが銚子電鉄の第1回目の経営危機である。

資金融資が受けられないため、苦肉の策として考えついたのが、自社で製造販売していた「ぬれ煎餅」による売り上げ増であった。宣伝広告費を出す資金もないため、自らインターネットのホームページを作り、同年11月15日には、さっそくぬれ煎餅の購入の呼びかけを始めた。キャッチコピーはなんと、「電車の修理代を稼がなくちゃ、いけないんです」だった。

ぬれ煎餅の売り上げが予想を超えたために、車両検査のめどはつくようになったが、別の問題も浮上した。国土交通省関東運輸局は、同年10月23～26日に保安検査を実施。この検査では、ATSなどの保安装置が設置されておらず、かつ鉄道設備の老朽化が顕著に表れた。同省は同年11月24日、銚子電鉄に対し、安全確保に関する改善命令を出す。車両だけでなく、軌道や踏切・信号設備なども老朽化していたのだ。

そこで2007（平成19）年1月14日、有志らによって「銚子電鉄サポーターズ」が立ち上げられ、安全運行に対する問題の解決を支援することにした。

銚子電鉄は、鉄道事業法に基づいて運行されているにもかかわらず、最高速度は時速40キロと路面電車と同じである。駅間距離が短いため、速度を上げられないからだが、線路の手入れが悪いために乗り心地も悪かった。そこで喫緊の課題である枕木の交換と踏切設備の改善に限定し、サポート基金の募集を行なった。

その結果、２００８（平成20）年３月末までに４６９８名が入会し、入会金約１６５８万円、運営費のカンパ約２１０万円も含めると、約１８８２万円の資金が集まった。銚子電鉄サポーターズは、これらの収入から安全対策基金として、２００７（平成19）年に９７０万円、翌年５月26日に５４０万円を銚子電鉄に寄贈した。


そんななか、銚子電鉄に第２回目の経営危機が襲う。２０１１（平成23）年３月11日に発生した東日本大震災である。これにより、千葉県の観光は大きなダメージを受ける。銚子電鉄の線路や駅舎などの被害は少なかったが、観光客が激減したため、銚子電鉄もその影響をまともに受けた。

東日本大震災後の利用者は、あれから２年以上経過したにもかかわらず、震災前の水準に戻っていない。首都圏などから銚子を訪れる観光客は、銚子駅まで観光バスで来て、犬吠駅まで銚子電鉄を利用して犬吠埼などを訪れ、観光バスで帰るコースが一般化しているという。

銚子電鉄は２０１３（平成25）年２月１日、東日本大震災以降の風評被害による観光客減少などで、２０１１（平成23）年度の乗客は約48万人と、前年度比で23％も減少したことを公表した。

営団地下鉄丸ノ内線で使用されていた電車を改造した1000形

そして2013（平成25）年3月期の経常損失は、数千万円規模になる見通しであり、車両や電気設備の交換資金も不足することから、ついに自主再建を断念。再度、銚子市や千葉県などに支援を要請した。銚子市内の企業支援のため設立された財団法人などから資金援助を受けるだけでなく、上下分離経営も検討しているという。

自主再建路線を進めてきた小川文雄社長が2012（平成24）末に退任し、代わって社長に就任した税理士出身の竹本勝紀氏は、自主再建を断念したのだった。

銚子電鉄の今後の計画であるが、老朽化した車両の更新を考えているという。現在は、営団地下鉄（現・東京メトロ）で使用されていた1000形と、京王電鉄から伊予鉄道へ譲渡された後に銚子電鉄に移った2

000系が使用されている。2000系は、塗装の変更などを行ない、2010（平成22）年に導入された。1000形は1両編成の非冷房車。2000系は2両編成の冷房車だが、冷房を使用すると電圧降下が起こるために、現在でも冷房を使用することができない状態にある。

銚子電鉄に電話で伺った2012（平成24）年12月20日の時点では、2013（平成25）年度に1000形1両を置き換える計画があるが、代替の車両などはまだ決まっていないという。

(2) ぬれ煎餅・食品事業の現状

ぬれ煎餅は、素焼きの煎餅をカツオ出汁《だし》のきいた醤油だれに漬け込んで作る。普通の煎餅とは異なり、独特の湿った食感が特徴の、銚子地方の煎餅である。ぬれ煎餅に使用する醤油だれは、1645（正保2）年創業のヤマサ醤油の「ぬれ煎餅専用醤油だれ」を使用している。ぬれ煎餅には、赤いラベルの「濃い口味」と青いラベルで減塩タイプの「うす口味」、緑のラベルで砂糖を加えた「甘口味」の3種類がある。値段は、濃い口味が5枚入り410円、10枚入り820円。うす口味と甘口味が5枚入り430円、10枚入り860円。仲ノ町・観音・笠上黒生・犬吠・外川駅の売店のほか、JR千葉駅などのキオスクや沿線の観光施設、銚子電鉄のオンラインショップなどで販売されている。湿ったような触感が苦手な人は、オーブントースターで温めると、触感だけでなく懐かしい醤油の味と潮の香りが増す。

銚子電鉄が行なった苦肉の策は、マスメディアによる報道も手伝って、支援を希望する人々から注文が殺到して製造が追いつかなくなった。そこで筆者は、当時のいきさつや現状を伺うために、2013(平成25)年1月18日、銚子電鉄の本社を訪ね、食品事業部の山崎部長と網中氏にお会いした。

銚子電鉄の本社は、仲ノ町の駅舎内にある。駅の近くにはヤマサ醤油の工場があり、街には醤油のよい香りが漂っていた。筆者は、ぬれ煎餅は本社工場で製造していると聞いていたので、さっそく、近くの工場に案内してもらった。本社工場は、プレハブを大きくしたような建物であり、1階が製造現場、2階が倉庫、3階が会議室兼事務所となっていた。扉を開けて中に入ると、餅を焼くような香ばしい匂いがした。

銚子電鉄の食品事業は、1972(昭和47)年頃に、観音駅でたい焼きとたこ焼きを販売したことから始まる。販売を開始した当時は、今のように自家用車が普及していなかったため、家族連れなどがよく銚子電鉄を利用していたこともあって、子ども向けに販売を始めたそうだ。その後は、自家用車の普及とともに利用者が減少したため、このままでは経営に行き詰まるという危機感があったという。

ぬれ煎餅の販売は、当時の経理課長が「煎餅ならば自分たちでもできそうだ」ということで、菓子メーカーの指導を受けながら、１９９０年代の半ば頃から開始したという。ぬれ煎餅事業を開始したときは、誰もまったくの素人であり、在庫管理や品質管理のノウハウもない。ただこのままいくと、会社の存続が危なくなるという意識を持っていたこともあり、鉄道の仕事と兼務する形で煎餅を焼いていたそうだ。当然のことながら、失敗の繰り返しだったという。ぬれ煎餅は「品質管理が難しい商品です」と山崎部長はいう。素焼きの煎餅に醤油だれを絡めるため、どのレベルの商品を出荷するのか、その判断基準が難しいという。寒暖差による気温の変化も、歩留まりに重要な影響を与えるらしい。

最初は、現在のようなラインではなく、手焼きの機械で対応していたが、導入してから1～2カ月で投資した資金は回収できたらしい。

自分たちで煎餅を焼けるようになっても、「売ることに困りました」と、山崎部長は当時を振り返る。東京や横浜へセールスに行っても、売り上げはさっぱりだったらしい。山崎部長がいうには、「湿った触感の煎餅が、まったく受け入れられなかった」そうだ。当時は、「煎餅はパリッとした噛みごたえのあるお菓子」という既成概念があったからだ。

ところで、「電車の修理代を稼がなくちゃ、いけないんです」のキャッチコピーは、2006（平成18）年の流行語大賞に選ばれている。

「2006年の経営危機を迎えたときは、本当に電車を修理する費用がなかったので、100万円でもいいから売り上げが増えればという気持ちでした。当時の経営は非常に厳しかったため、その現状を正直に訴えた。私の訴えがまさか流行語大賞に選ばれるなんて、予想もしていなかったし、あれだけ大量に注文が殺到するとは思ってもみませんでした」

その後も、ぬれ煎餅の売り上げは、順調に伸びていく。

「それはもう現場は大変でしたよ。犬吠駅の売店では、すぐに品切れになってしまい、生産が追いつきませんでした。インターネットで注文をもらったのはいいが、お客さまに商品を発送できる状態ではありませんでした。長い人は、注文から商品の発送まで4カ月待ちの状態でした。そのため真剣に、返金まで考えたのです」と、山崎部長から対応する側の苦労を聞かされた。

網中氏も、「鉄道ファンの人から、何カ月でも待つから銚子電鉄のぬれ煎餅が食べたいという電話があったときは、心底嬉しかったです。鉄道ファンの期待に応えようと思いました」という。さらに、「バイヤーのなかにも鉄道ファンの人がいるので、当社の商品に関心を持ってもらえました。また鉄道会社は、横のつながりが強いため、廃線の危機に直面した際、南海電鉄がぬれ煎餅を購入してくれたのです」とのこと。ぬれ煎餅成功の陰には、レールでつながれた、温かい支援があったのだ。

筆者は、ぬれ煎餅が東京・神田の「書泉グランデ」や、大阪・なんばの「旭屋書店」などで販売されているのを見たことがあるので、全国展開していると思っていた。その旨を聞くと、「関東の百貨店や駅で販売しています。名古屋は高島屋の食品コーナーの名店街で販売しています。関西は菓子問屋の商談会に参加しています」とのことだった。そして「『うす口味』も、東京の人から『しょっぱい』といわれました。あのままで関西の人に受け入れられるか、正直、まだ自信がありません」という。

山崎部長から、できたてのうす口味のぬれ煎餅の試食をすすめられた。筆者は、「関西でぬれ煎餅を販売するなら、カツオ節の風味だけでなく、昆布の風味も加えたらいかがでしょう。味がまろやかになりますから」と伝えた。すると山崎部長は、「そうなると商品名を変える必要があるかもしれませんね。当社にとっても、関西圏は首都圏に次ぐ大きな市場ですから」とのこと。ぜひ、関西向けの新商品を開発してほしいと思う。

「私と山崎は、ぬれ煎餅の販売で地方へよく出かけるのですが、昼食にうどんやそばをよく食べます。汁の色や味をみて、今後の商品展開を考えるためです」と、網中氏はいう。菓子作りが本職の人も顔負けの研究熱心さだ。

銚子電鉄では、ぬれ煎餅以外にも、「銚子電鉄のぬれ最中」「さんまの佃煮」「いわしの佃煮」「かつおの佃煮」「いわしそぼろ」「銚子電鉄のでんでん酒」など、さまざまなオリジナル商品を販売している。

山崎部長は、「佃煮は、7～8年前から始めました。最初は、犬吠駅構内の売店で別の会社が販売していたのですが、徐々に売り上げが増えたため、『銚子電鉄の佃煮』というブランドで販売することにしました。つまり業務提携です。佃煮に使用する醤油はヒゲタの醤油です。ショウガは、四国産を使用していますよ」とのこと。ぬれ煎餅も、原材料の米や醤油は国産品を使用している。すべて国産にこだわるのは、やはり安全・安心を第一に考える鉄道会社のDNAなのだろう。

網中氏によると、「佃煮などには、ヒゲタの醤油が適しています。ヤマサとヒゲタでは、持っている菌が異なり、これが味に大きく影響している」そうだ。銚子にはヤマサ醤油とヒゲタ醤油の工場があるが、ぬれ煎餅は前記のとおりヤマサ醤油。ぬれ煎餅にはヤマサ醤油が適しており、イワシの佃煮などはヒゲタ醤油が適しているのだという。煎餅と佃煮では、使う醤油を使い分けているのだ。

そういえば、銚子駅前の食堂で、昼食にイワシの刺身を食べたが、そのとき店員の人がヤマサの醤油とヒゲタの醤油の両方を持ってきた。筆者には、似たような味に思えたのだが、山崎部長も網中氏も、「プロの醤油職人であれば、ヤマサの醤油とヒゲタの醤油をブレンドしていたとしても、そのブレンドの比率も分かりますよ」という。さすがは醤油の町・銚子。「すごい」のひと言である。

(3) ぬれ煎餅の製造現場を見学して

銚子電鉄のぬれ煎餅は、現在、餅を横に4枚並べて、炉に入れて焼き上げている。餅の段階では薄っぺらいが、焼き上がると膨らんで厚くなる。

餅を横に4枚並べて焼くということは、幅方向の温度管理が重要になる。筆者が以前、勤めていた会社は転写箔*3を製造していたので、多少の知識があるが、幅方向の温度管理は案外、難しいものである。転写箔の場合、これがうまくいかないと剥離が安定しない。煎餅の場合は、中央と両端とでは焼き加減が異なることになるだろう。転写箔は、ポリエステルフィルムに塗料を塗るため、炉の温度やライン速度以外に、張力のかけ方も重要だった。張力が強すぎると、流れ方向

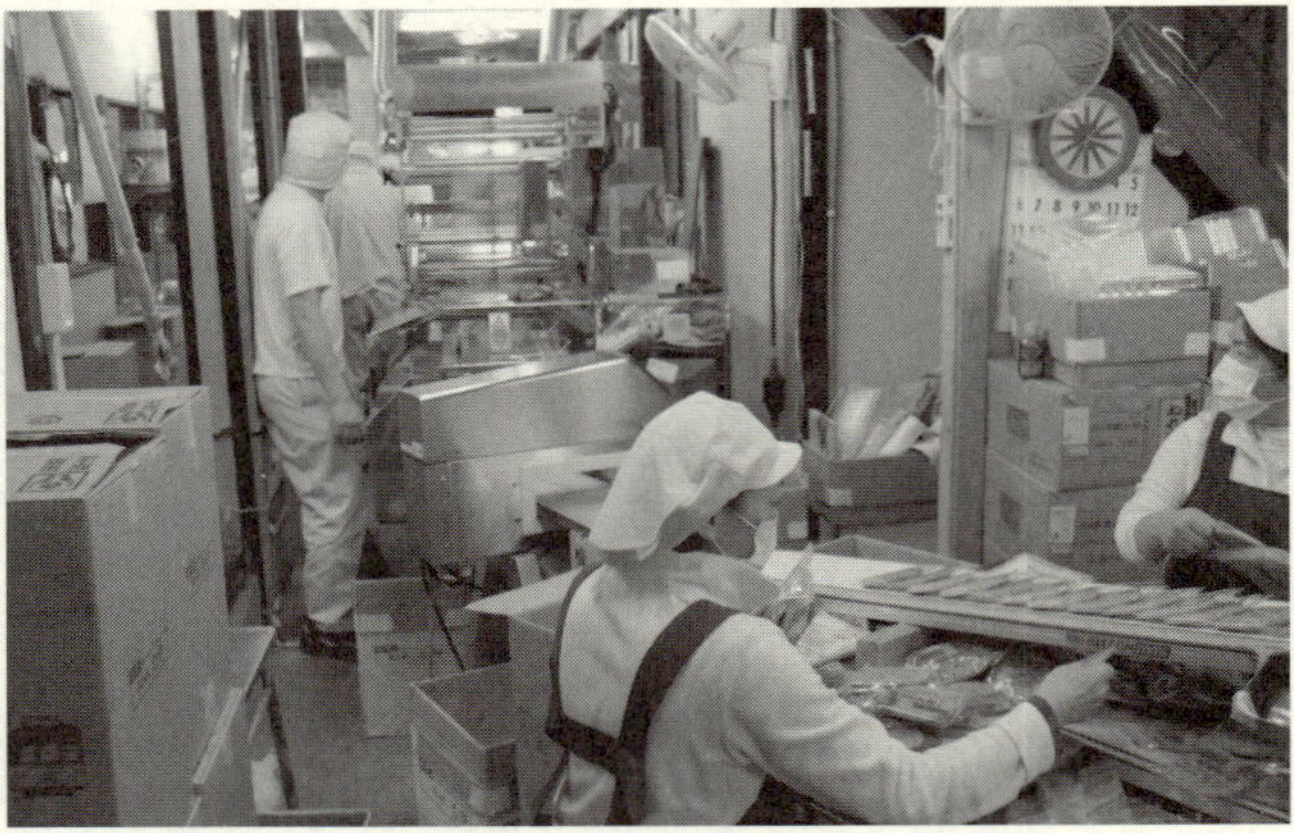

本社工場で製造される銚子電鉄名物の「ぬれ煎餅」

にしわが入り、弱すぎると横方向へずれ、巻き上がりに問題が生じた。煎餅を焼く場合は、張力は関係ないと思うので、その点は楽かもしれない。

山崎部長は、「当社は、新型車両を入れる力はありませんが、煎餅の製造ラインは極力、新しい機械で対応するようにしています。ただ、鉄道会社は電気や機械に詳しい人が多いので、故障してもすぐに修理可能な点が強みです」という。

新型の機械を入れて生産効率を上げようとした際、より広い面積で焼ける機械入れるかラインの流れる速度を上げることになる。幅方向の問題点は前記のとおりだが、速度を上げると歩留まりが悪くなる可能性もある。速度を上げるということは、炉に入っている時間が短くなるため、どうしても温度を上げようとする。高速で高温の炉に入るということは、粗雑な焼き上げになるだけでなく、急激な温度変化から割れたりする可能性も高くなる。速度を上げるなら、炉の入り口付近は低温に設定し、真ん中から後半の温度を上げる必要があるだろう。そうなると、乾燥炉を長くする必要があり、機械の大型化は避けられないかもしれない。

とはいえ、そこは電気や機械のプロ集団だから、古い機械を試作品のテスト用に使ったり、新しい機械の図面さえ作れるかもしれない。鉄道事業のノウハウは、他の分野へも応用が可能なのだ。

「ここへ焼き上がった煎餅が出てきます。熱いから気をつけて取って、食べてみてください」。山崎部長にすすめられ、1枚試食させていただいた。関西でも、これにうっすらと塩を振ったような煎餅が売れており、これだけでもおいしかった。山崎部長も、「他社のようにタイ産の米などは使用していないので、味がよいのです。本当にこれだけでもおいしいですよ」という。「この後で醤油だれに漬けるのでしょうが、どのくらい漬けるのですか」と聞くと、山崎部長はその場所に案内してくれながら、「焼き上がった素焼きの煎餅を回転させながら10秒少々漬けます。これから出汁がしみ込んでいって、銚子のぬれ煎餅の独特の味になるのです」とのこと。

最後に山崎部長は、「あそこで袋に詰めて、出荷します。当社の煎餅は、風味を維持するためにも、一枚一枚袋に詰めます」といわれ、品質重視の姿勢を改めて痛感した。

銚子電鉄のホームページによれば、鉄道事業による年収が1億5000万円に対し、ぬれ煎餅をはじめとする食品事業の年収は4億1200万円と、食品事業の収入のほうが多くなっている。そのうち、ぬれ煎餅が約3億5000万円と、圧倒している。

銚子電鉄の食品事業部は、12月中頃~1月中頃が繁忙期であり、社員は休日出勤をして、注文に対応するという。ぬれ煎餅は、銚子電鉄の屋台骨を支える基幹事業になっている。そのことを改めて知ることができた、今回の訪問だった。

（＊1）現在は、鉄道軌道輸送高度化事業費補助という名称になっている。

（＊2）子会社の銚電恒産も事実上倒産した。

（＊3）転写箔とは、熱した刻印やゴムローラーで紙やプラスチックなどの被転写物に転写印刷する際に用いられる箔のこと。

第6章　三江線の存続と活性化に向けた模索

JR三江《さんこう》線

地方民鉄でも第三セクター鉄道でもないが、神楽に因んだ駅名の併記やバスによる増発の社会実験を行なうなど、JR三江線の活性化に向けた取り組みが行なわれている。「三江線を守る会」「三江線活性化協議会」、JR西日本との連携による取り組みを紹介したい。

(1) 三江線の沿革

三江線は、島根県の江津と広島県の三次を結ぶ全長108・1キロのローカル線。江津で山陰本線、三次で芸備《げいび》線と接続している。中国山地の急峻な地形を避けるため、1926(大正15)年9月に江津から三次へ向けて江《ごう》の川に沿って工事が開始された。最初の開通区間である江津(当時は石見《いわみ》江津)～川戸間の13・9キロが1930(昭和5)年4月20日に開業し、沿線最大の町である川本《かわもと》町の石見川本へは、1934(昭和9)年11月8日に開通している。三江北線としての終点・浜原まで達したのは、1937(昭和12)年10月20日だった。

一方、1936(昭和11)年8月には三次からも鉄道建設が始まり、1939(昭和14)年3月に路盤工事が完成した。その後、戦争の影響で工事は中止となったが、1953(昭和28)年

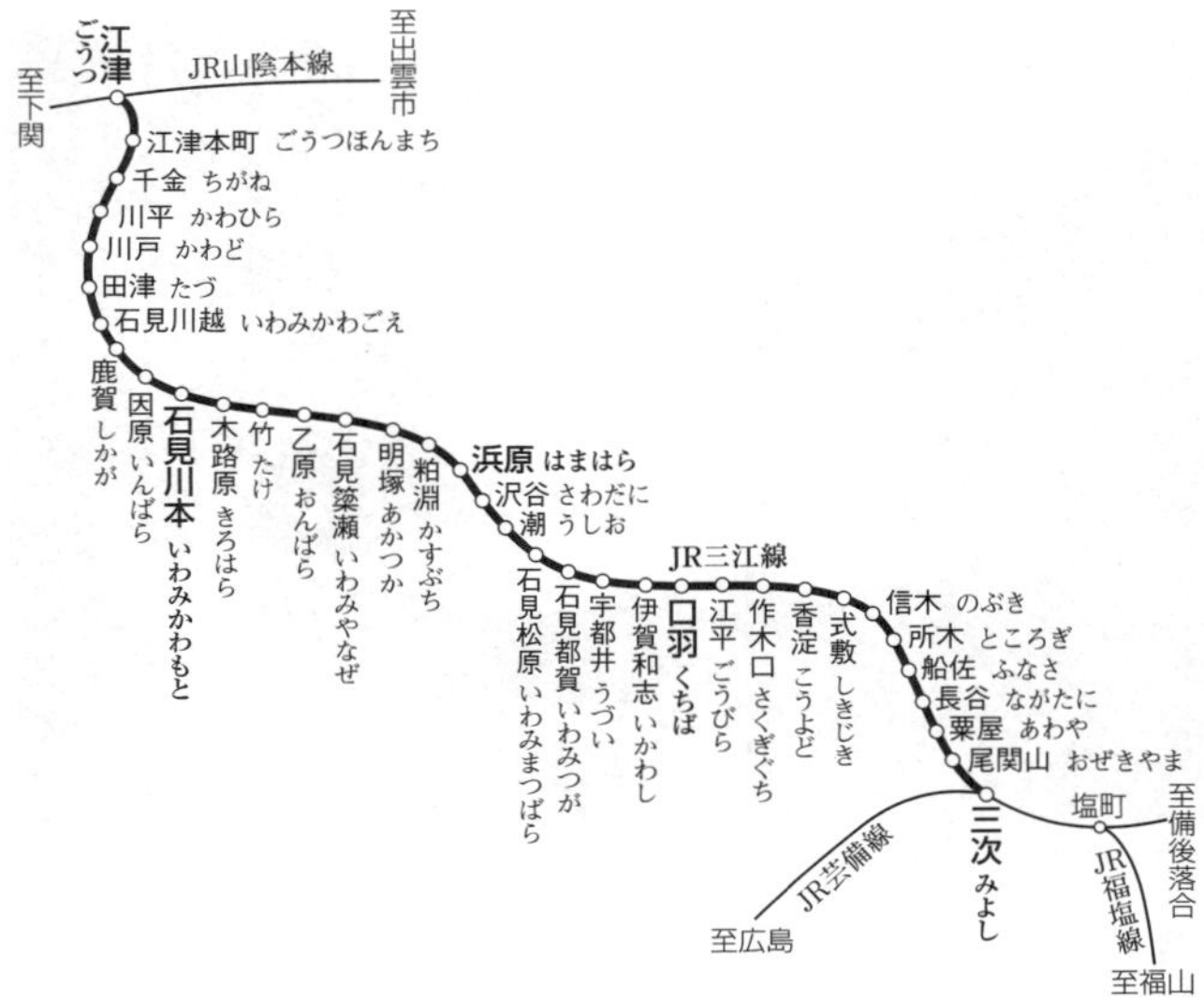

５月に再開され、１９５５（昭和30）年３月31日、三江南線として最初の区間である三次～式敷間の14・８キロが開業した。その後、１９６３（昭和38）年６月30日には式敷～口羽間13・６キロが、１９７５（昭和50）年８月31日には口羽～浜原間の29・６キロが延伸開業し、大正時代からの悲願であった三江線が全通した。

山陰と山陽を結ぶ陰陽連絡線として期待されて全通した三江線だったが、すでに地域間輸送の主役は自動車となっており、三江線に定期の急行列車が運転されることはなかった。[*1]

三江線は、江の川に沿って狭い土地を縫うように建設されたため、直線距離では60キロ弱である三次～江津間も、「へ」の字状に大き

キハ120形の１両編成で運行されるＪＲ三江線の普通列車

く迂回しており、路線長は１００キロ以上になってしまった。このため、三次方面から出雲市や松江方面に向かう際も、江津へ大きく迂回することになる。もし、三瓶《さんべ》山の登山口である粕淵から大田《おおだ》市に向かうルートで鉄道が敷設されていたならば、陰陽連絡路線として機能したかもしれない。結果的に全通した後も、地域住民の通勤・通学、用務などのローカル需要のみであった。現在もローカル輸送が主体で、1両編成のキハ１２０形気動車によるワンマン運転が実施されている。

１９８０（昭和55）年に国鉄再建法が成立し、旅客輸送密度が４０００人未満の路線は、鉄道で輸送するよりもバスで輸送するほうが妥当であるとされたが、三江線は代替道路未整備を理由に特定地方交通線に入ることはなかった。

１９９２（平成4）年に１４０９人だった1日あたりの平均乗車人員は、２０１１（平成23）年には２３６人と、この20年間で約6分の1にまで減少した。２００８（平成20）年度の三江線の輸送密度は83人と、１００人を下回っており、バスで十分に輸送できる数値である。

その原因として、過疎化による沿線の人口減少、少子高齢化の進展、マイカー利用の増加が一般的な理由だが、ＪＲ西日本はダイヤ改正のたびに運行本数の削減を行なったため、沿線の高校はスクールバスによる送迎を開始した。スクールバス運行は、中山間地域から通学する生徒を持つ保護者からは、自家用車で送迎する負担から解放されるため、支持されている。そこで運行本数の削減や区間が年々拡大されてきた。

その結果、石見川本から徒歩で13分のところにある県立島根中央高校の生徒は、大半がスクールバスで通学している。同校の生徒が三江線を利用するのは、スクールバスが運休となる土・日曜などにクラブ活動で登校するときくらいという。

三江線の利用状況だが、通学がじつに78・4％を占める。普通乗車券を購入しての利用は16・0％であり、これは通院や用務で出かける高齢者が、主な利用者である。通勤での利用は5・6％しかない。沿線のほとんどの人が自家用車で通勤しており、三江線は通勤輸送としては機能していない。そのような利用状況が影響して、江津発や三次発の最終列車は、18～19時台になっている。休日は、さらに利用者が減少して平日の半分程度となるが、沿線外からの観光客や鉄道ファンの姿も見られる。

現在も、三江線の一部で代替道路が未整備なため、バスの行き違いに支障をきたす箇所がある。三江線の輸送密度は低いが、路線長が100キロ以上もあるため、地域経済に与える影響が大きく、沿線自治体や住民は廃止に反対の立場である。

(2) バス増発による社会実験

2000(平成12)年3月1日から改正鉄道事業法が施行され、不採算線区からの撤退に関する規制が、従来の許可制から届出制に緩和された。届出制ということは、鉄道事業者が廃止届を提出すれば、1年後には事業者だけの意思で廃止が可能だということである。一方の乗合バスに関する規制も、2002(平成14)年2月1日から施行された改正道路運送法により、不採算路線からの撤退に関する規制が、届出制に緩和された。これにより不採算路線の廃止が進み、公共交通空白地域が顕在化することになったため、これではまずいと思った政府は、地域公共交通活性化再生法を成立させ、2007(平成19)年10月1日から施行させた。

この法律の成立により、地域協議会の設立が可能となり、公共交通の活性化に向けて積極的に取り組む地域に対しては、試験運行（運航）や増発などの社会実験の実施に対し、補助金が支給されるようになった。同法は翌年に改正され、それまで鉄道事業法で認められていなかった公有民営の上下分離経営が可能となった。

その後、公共交通に関しては、地域公共交通活性化再生事業が２０１１（平成23）年3月末で廃止され、それに代わり地域公共交通確保維持改善事業（生活交通サバイバル戦略）が、同年4月1日から開始された。生活交通サバイバル戦略では、必要最低限の公共交通だけを維持する目的であるため、鉄道に対する補助はバリアフリーなどに限られ、試験運行や増発などの社会実験に対する補助は、打ち切りとなってしまった。

そんななか、ＪＲ西日本は、２０１２（平成24）年10月1日から12月末までの3カ月間限定ながら、バスを用いた増発の社会実験を行なうことを決めた。この背景には、１９９９（平成11）年3月のダイヤ改正時に、江津～石見川本間にあった列車交換設備がすべて撤去され、列車の増発が非常に困難になったことがある。また、増発用の車両の確保も難しいという。

同年9月末時点の三江線のダイヤは、江津～浜原間、口羽～三次間が1日に5往復、浜原～口羽間は1日に4往復しかない。また、江津では6時0分の次は12時44分まで列車がないため、7

列車交換設備が撤去された川戸駅

時間近く運行間隔が空くことになる。さらに最終列車は、江津発が18時56分、三次発が19時15分と早く終わるため、残業などで遅くなった際には帰宅できなくなってしまう。

そこで、沿線自治体などで構成される「三江線活性化協議会」とJR西日本米子支社は、共同で増便実験を行なった。これにより、三江線内の運行本数は約2倍になり、江津発の最終バスは19時58分、三次発が20時19分と、従来よりも最終が約1時間繰り下がった。

石見川本～江津間に増発されたバスは、三江線とは江の川を挟んで向かい側の国道261号線を走行するため、鉄道駅とバス停が離れた位置になっている。鹿賀のように橋を渡って駅前まで乗り入れることもあるが、因原のように、対岸を走行していないにもかかわらず、道の駅にバス停が設置されているケースもある。

石見川本～江津間の増発用のバスは、中国ジェイアールバスが所有する52名乗りの乗合バスである。

筆者はその年の10月10日に、因原16時34分発のバスに乗車したが、発車の時点で乗客は筆者を含め2名だった。その人は次の鹿賀で下車し、終点の江津までは筆者だけとなった。この時期は、秋の「JR全線乗り放題パス」が発売されており、増発されたバスも列車とみなして利用可能であったし、各駅などでも社会実験の実施に関するポスターは掲示されていた。

増発バスに乗車する前に筆者は、江津15時8分発の三次行きの列車にも乗車している。たまたま同席したお年寄りの話では、「バスは鉄道よりも揺れが大きく、急発進や急停車で乗り心地が悪いうえ、トイレがないのが困る」そうだ。ただ、社会実験とはいえ、バスという形で増発してもらったために便利にはなったという。そして「三江線のダイヤも、社会実験を行なっている程度にまで充実させて欲しい」とのことだった。

代替道路が未整備な地域は、ワゴン車などを用いている。浜原～三次間は、道路が狭い箇所もあるため、芸備観光の24人乗りのマイクロバスや、芸備タクシーの9人乗りのワゴン車で運行していた。

この社会実験については、2013（平成25）年1月21日の「山陰中央新報」や1月22日の「中国新聞」が、その結果を報じている。中国新聞によると、期間中のバスの利用者は6558人で、1日平均71・2人。月別では、10月が1712人、11月が1851人、12月が2995人だった。12月に利用者が急増した理由は、バスの本数を17往復から6往復増便して23往復とし、島根中央高校のスクールバスを一部運休して、利用を促したことが要因である。12月の1便あたりの平均利用者数は、4・2人である。

一方の山陰中央新報は、「各月の1便あたりの利用者数は、3～4人台と低調に終わった。JRは『潜在需要はあまりなかったと受け止めざるを得ない』と厳しい評価だった」と報じている。

マスコミは三江線の増発バスによる社会実験をこのように報じているが、NPO法人全国鉄道利用者会議会員の前田善弘氏は、同年2月発行の交通権学会の会報「トランスポート21」第50号で、「『目立った潜在需要がなかった』『努力が足りなかった』など、ネガティブな表現ばかりが並んでおり、一見すると今回の増便バス実験の成果は芳しくなかったように見える。何よりも記事の見出しがネガティブなものであったことから、おそらくほとんどの読者は『成功しなかった』と受け止めたのではなかろうか。本来ならば『どれだけ増えたのか』という増客効果こそ大事なはずなのに、なぜ、実験前後の利用者数の変化（実験前からどの程度、何パーセント増えたのか）

に関する比較データが一切出ないのか。そしてなぜ『不振』という結論が1人歩きするのか、という疑問がある」と、マスコミの報道の姿勢に疑問を呈している。

筆者も前田氏と同様に、12月は前月と比較して1000人以上も利用者が増えたことを注視するべきだと考えている。「12月のバスの平均利用者数は4・2人であった」と中国新聞は報道しているが、筆者はバスで4・2人であったということは、鉄道であれば6～7名程度の利用増が見込めると考える。前記のお年寄りも、「鉄道のほうが、揺れが少なくて乗り心地がよいし、トイレもある」といっており、利用者は鉄道を好む傾向にある。

島根中央高校が社会実験のバスの利用を奨励したということは、別の見方をすれば各学校を巻き込んでいけば、利用者を増やすことが可能だということである。三江線の年間赤字額は約2億円あり、これを黒字にすることは困難だが、社会的な便益も考えなくてはならない。島根中央高校にとっても、三江線が存続していることで、高校が存続しているのであり、川本町や沿線の自治体にとっても、三江線がなくなれば島根県の支所が廃止されたり、信用組合などの金融機関が撤退するなどの社会的損失が生じる可能性がある。さらに三江線に接続する路線バスやタクシーなども廃止が進み、公共交通空白地域ができるようになると、高齢者も安心して住めなくなってしまう。

三江線沿線の温泉

温泉名	泉質	最寄り駅	備考
たかみや湯の森	ラジウム泉	式敷	車で20分
湯谷温泉弥山荘	CO_2・鉄-ナトリウム塩化物強塩冷鉱泉	石見川本	車で15分
湯抱温泉	塩化土類食塩泉	粕淵	車で10分
有福温泉御前湯	弱アルカリ性単純泉	江津	バス37分
千原温泉	CO_2・ナトリウム-塩化物・炭酸水素塩泉	沢谷	車で５分
いわみ温泉霧の湯	アルカリ性単純泉	因原	車で15分
潮温泉大和荘	ナトリウム-炭酸水素塩泉　塩化物泉	潮	徒歩５分
君田温泉森の泉	CO_2・ナトリウム・カルシウム-炭酸水素塩・塩化物泉	三次	車で15分

出典：『JR三江線途中下車』を基に作成

(3) 沿線の観光資源と神楽による地域おこし

三江線沿線の観光資源として代表的なのが温泉である。最近では、秘湯と呼ばれる温泉が人気になるなど、温泉に対する嗜好も多様化している。沿線には、上の表のように、あまり知られていないが、魅力的な温泉が点在している。

三江線沿線は神楽の里でもある。その昔、江の川沿いに神楽が伝播した歴史があり、沿線には、大元《おおもと》神楽、阿那須《あなす》系石見神楽、高宮《たかみや》系神楽、備後《びんご》系神楽など、多様な神楽が伝承されている。

そこで三江線を活性化させるため、三江線活性化協議会とJR西日本は、全35の駅に神楽に因んだ名称を付けている。神楽という、その地域ならではの観光資源を生かした地域おこしを考えている点に注目したい。

さらに、同協議会とJR西日本米子支社は、前記の社会実験の期間中に、「神楽とグルメ」を味わう特別列車を計６回運行して

ＪＲ三江線の駅には神楽に因んだ名称が付けられた。写真は「悪狐伝（あっこでん）すてーしょん」と名付けられた船佐駅

いる。1回目が10月13日の「ワイン列車」、2回目が10月27日の「地酒＆スイーツ列車」、3回目が11月3日の「神楽列車」、4回目が11月10日の「酔いどれ地酒列車」、5回目が12月8日の「ひょっとこ踊り列車」、6回目が12月22日の「サンタクロース列車」。この特別列車は、すべて完売になるくらい好評だった。地酒列車や地元の食材を使ったグルメ列車は、地域経済を活性化させる。

そのほかにも、同協議会は社会実験の期間中、新たな試みとして乗用車の回送サービスを開始した。これは利用者が駅まで乗ってきた乗用車を、下車する駅まで有料で回送するもの[*2]。このような取り組みは、秋田内陸縦貫鉄道や津軽鉄道などで実施されているが、中国地方では珍しい取り組みである。なお、乗用車の回送は、江津、三次市と美郷《みさと》町にあるタクシー会社が担当することになっている。

(4) 地域住民の取り組み

三江線を取り巻く環境は厳しいため、1998(平成10)年に「三江線を守る会」が結成された。現在は江津市、浜田市、邑南《おおなん》町の有志議員を中心に、趣旨に賛同する住民らという構成になっている。これまでのおもな活動は、県やJRに対する増発などの要請行動、災害発生時の早期復旧への要望、廃止反対の署名活動、街頭宣伝やチラシ配布、車両内にトイレ設置の要望などを行なってきている。

2006(平成18)年7月の集中豪雨による土砂崩れが原因で、三江線は全線にわたり不通になった。土砂流入や路盤流失もあったため、地元では「このまま廃止になるのでは」と、存続が危ぶまれた。三江線を守る会は、早期復旧と存続を訴えており、被害が小規模だったこともあり、2007(平成19)年6月16日に全線が復旧している。また三江線で使用するキハ120形には当初、トイレがなかったが、現在は改造によってトイレが完備されており、サービス向上に貢献している。

一方、2010(平成22)年3月には、国の補助事業の受け皿として三江線活性化協議会が設立された。三江線沿線の三次市、安芸高田市《あきたかた》、江津市、邑南町、美郷町、川本町の3市3町のほか、NPO法人や自治会などの住民代表、島根県、島根県立大学、JR西日本米子支社などの構成になっている。広島県側は、三次市や安芸高田市は加わっているが、広島県は加わっていない。

同協議会では、地域公共交通活性化再生法に基づき、三江線の活性化および利用促進に向けた取り組みを進める「三江線沿線地域公共交通総合連携計画」を策定した。この連携計画では、「生活鉄道としての活性化」「ふるさと鉄道としての掘り起こし」など活性化に向けた5つの目標を掲げており、共通するキーワードは「地域密着」である。初年度の2010（平成22）年度には、国から1200万円の補助を受けているが、2011（平成23）年度からは事業仕分けにより国から補助金が支給されなくなった。そこで沿線の自治体が年間で500万円の補助を行なったという。

目標を達成するための具体的な取り組みとして、通勤・通学・通院など日常利用の確保・拡大を目的に、三江線の回数券を購入する際の補助事業や、沿線住民の利用促進を促すための三江線を利用したイベントに対する補助事業などを、国から支給された補助金を原資に実施した。その結果、両事業とも前年度を上回る利用があるという。

三江線を守るための活動は、三江線を守る会や三江線活性化協議会だけではない。2012

（平成24）年11月17日に、第2回「三江線活性化シンポジウム」が開催され、そのときに江津、浜田、大田の3市と、石見川本、美郷、邑南の3町の議員有志が集まり、「三江線を守る議員連盟」の設立総会も実施された。超党派による議員連盟の活躍にも期待したい。

三江線は超閑散路線であり、慢性的な赤字路線ではある。これを黒字にすることは非常に困難ではあるが、利用者を増やすことは可能である。２０１２（平成24）年に実施されたバスを用いた社会実験では、12月はさらなる増便を行なった結果、11月と比較して１０００人も増えている。また、これに連動する形で運行された「神楽とグルメ」を味わう特別列車も好評だったという。

しかし、これに関して、広島商船高等専門学校准教授の風呂本武典氏は、「三江線（長大ローカル線）存続問題の現状と展望」（交通権学会２０１３年度予稿集）で、次のような指摘をしている。

「各自治体の予算主義に縛られるためにこれらの企画は継続的に行なえず、運動の継続という点、地道に三江線を観光資源として育てていくという点、自治体を超えた連携という点で、不足がみられる」

風呂本氏はまた、地域住民に鉄道を交通機関でなく地域の遺産、観光資源として共通認識させるべきではないか、という旨の指摘もしている。

風呂本氏らは、２０１３（平成25）年3月と6月に広島県で有志を募り、三江線で「コスプレ列車」を運行している。コスプレ列車は、三次の古い酒蔵を活用したサブカルチャー活動拠点の「卑弥呼蔵《ひみこくら》」の町おこしイベントと連動したもので、ここに集う若者たちに昔の日本の原風景を再発見して発信してもらいたい、というコンセプトで行なわれたもの。

三江線を守る会や沿線の企業・住民らが「鉄道は地域の財産である」という認識のもとに一体となって盛り上げていけば、三江線自体は不採算であっても、沿線の全体の便益という観点からは「採算あり」となる可能性はある。便益を正しく評価することで、補助金投入に対する地元住民の理解も得やすくなり、三江線が存続する可能性も高くなるのではないだろうか。

（＊1）ＪＲ西日本になってから、広島～山陰本線浜田間に臨時急行「江の川」が運転されたことはあった。ただし、急行区間は広島～三次間で、三次～浜田間は快速として運転された。
（＊2）ＪＲの普通運賃のほかに、回送料金が必要。回送料金は、三次～口羽間が6000円、三次～粕淵間が7000～1万円。

おわりに

本書で取り上げた鉄道は、伊予鉄道を除けば輸送密度が500〜1000人の事業者や路線が多い。これらの事業者や路線は、少子高齢化の影響を受けて厳しさを増している。鉄道として存続させるためには、観光鉄道として沿線以外から利用者を誘致するか、物販事業を行なうなどの増収策が求められる。物販事業を行なうとなると、それ相応のノウハウが必要となる。また、各種グッズを作成して販売するとなると開発費用もかかり、経営が厳しい地方民鉄や第三セクター鉄道にとって、実行に移すまでには相当の困難が伴う。

これとは別に、上下分離経営を実施してインフラのメンテナンス費用や固定資産税の支払いから解放されることで、黒字経営になった事業者もある。また、駅名などの命名権を販売するネーミングライツを実施したり、つり革オーナー制や枕木オーナー制を実施して、新たな収入源を模索する動きもみられる。

だが、上下分離経営やネーミングライツなどを実施しても、利用者が増えるわけではなく、一時的に経営状態は改善するかもしれないが、利用者を増やす次の一手を考案しないと、やがてはじり貧になるだろう。

このような地方鉄道を活性化させるには、「観光」がキーワードになるだろう。なかにはすでに、車内で食事ができるグルメ列車を運行したり、駅構内で体験運転を実施するなど、個人型で体験型で地域密着型の観光を、商品化・イベント化している事業者もある。グルメ列車の場合、地元の特産品を調理して車内で提供するなど、まさに地産地消を地で行っている。

しかし、グルメ列車を運行したり、駅構内の体験運転を実施したとしても、過疎化や少子高齢化の影響で減少してしまった輸送量を補う水準には達していない。それでも、鉄道事業者が沿線の観光資源や産業を活用した商品を造成すれば、その地域全体の経済は活性化される。秋田内陸縦貫鉄道は、慢性的な赤字だが、赤字額よりも地元が得ている経済効果のほうが大きいという試算もある。

鉄道を評価する場合、事業者や路線の経営状況だけでなく、地元が得ている便益も加味して考えなければならず、鉄道の赤字額よりも地元が得る便益のほうが多ければ、存続させるようにしなければならない。つまり評価する基準を変える必要があり、そうすることで廃止が模索されたりしている鉄道も、存続・活性化するのではないかと思っている。

最後に、出版に際し、交通新聞社の邑口亨氏には大変お世話になった。また、多忙ななか、取材に応じていただいた鉄道事業者や滋賀県土木交通部交通政策課の方々、東北地域活性化センターの宮曽根氏に対し、厚く御礼申し上げます。

なお、本書で取り上げた路線のうち、JR三江線は平成25年8月の島根県内の大雨の影響により、現在、江津〜浜原間が不通となっています。また、信楽高原鐵道は、同年9月の台風18号の影響により、同じく、全区間が不通となっています。この場をお借りして、一日も早い復旧を願っています。

平成25年9月　堀内重人

●参考文献

土居靖範『交通政策の未来戦略』文理閣、2007年1月
西村弘『脱クルマ社会の交通政策—移動の自由から交通の自由へ—』ミネルヴァ書房、2007年3月
上岡直見『脱・道路の時代』コモンズ、2007年10月
佐藤信之『コミュニティ鉄道論』交通新聞社、2007年11月
堀内重人『高速バス』グランプリ出版、2008年4月
堀内重人『鉄道・路線廃止と代替バス』東京堂出版、2010年4月
堀内重人『廃線の危機からよみがえった鉄道』中央書院、2010年10月
大穂耕一郎『秋田内陸線、ただいま奮闘中！』無明舎出版、2011年4月
堀内重人『地域で守ろう！鉄道・バス』学芸出版社、2012年1月
堀内重人『ブルートレイン誕生50年—20系客車の誕生から、今後の夜行列車へ—』クラッセ、2012年1月
小嶋光信『日本一のローカル線をつくる　たま駅長に学ぶ公共交通再生』学芸出版社、2012年2月
堀内重人『新幹線VS航空機』東京堂出版、2012年3月
『地域交通を考える』（社）交通環境整備ネットワーク、2011年11月

●論文など

千葉県立大多喜高校生徒会本部企画「いすみ鉄道への取り組み」『鶴友』No.43、千葉県立大多喜高校、2008年3月
「平成20年度千葉県立大多喜高校学校要覧」2008年4月
佐藤信之「いすみ鉄道の再生」『鉄道ジャーナル』2008年4月号
香川正俊「第3セクター松浦鉄道の歴史的考察—松浦鉄道株式会社設立過程を中心に—」『立命館経営学』2008年11月

堀内重人「赤字路線存続への処方箋はあるのか?—今年3月末で複数の路線が廃止される。どうすれば廃線をふせげるのか」『週刊東洋経済』２０１２年２月25日号
酒井一郎「内陸線は『地域の基幹産業』をめざす」『あきた経済』No.４０５秋田経済研究所、２０１３年２月
堀内重人「三江線はバスに転換されるのか　バスを使った増発実験が行われた赤字の三江線。鉄道存続には何が必要か」『週刊東洋経済　鉄道完全解明２０１３』２０１３年２月
岡将男「路面電車開業１００年」『クリーンモバイル都市・岡山をめざして』２０１３年２月25日
岡将男「吉備線ＬＲＴ化の具体案（試案）公共の交通ラクダ—公共の交通がまちづくりを変える」『クリーンモバイル都市・岡山をめざして』２０１３年２月25日
小倉沙耶「食堂車と鉄道・まちの活性化～明知鉄道の事例～」『人と環境にやさしい交通をめざす全国大会in新潟全国大会論集』２０１３年３月16日
風呂本武典「三江線（長大ローカル線）の存続問題の現状と展望」『交通権学会２０１３年度予稿集』

●インターネット
三江線活性化協議会HP http://sankousen.com/
これからのいすみ鉄道を考えるシンポジウム ＝いすみ鉄道利用調整会議
http://www.pref.chiba.lg.jp/koukei/jouhoukoukai/shingikai/isumi/documents/kaisaikekka.pdf
若桜鉄道HP http://www.infosakyu.ne.jp/˜wakatetu/
明知鉄道HP http://www.aketetsu.co.jp/
いすみ鉄道HP http://www.isumirail.co.jp/
秋田内陸縦貫鉄道HP　http://www.akita-nairiku.com/
松浦鉄道HP http://www.matutetu.com/
信楽高原鐵道HP http://www.biwa.ne.jp/skr/

伊予鉄道HP http://www.iyotetsu.co.jp/
上毛電気鉄道HP http://www.jomorailway.com/
岡山電気軌道HP http://www.okayama-kido.co.jp/
豊橋鉄道HP豊橋市内線トップページ http://www.toyotetsu.com/shiden/index.shtml
樽見鉄道HP http://tarumi-railway.com/
小湊鐵道HP http://www.kominato.co.jp/
銚子電気鉄道HP http://www.choshi-dentetsu.jp/
2013年1月21日の山陰中央新報
http://www.sanin-chuo.co.jp/news/modules/news/article.php?storyid=536854004
2013年1月22日の中国新聞 http://www.chugoku-np.co.jp/News/Tn201301220017.html

●資料

『JR三江線途中下車』三江線活性化協議会作成のパンフレット
『ガタゴトポンポン』明知鉄道パンフレット
前田善弘「『大健闘』だった三江線増便バス実験」『トランスポート21』No.50、交通権学会ニューズレター、2013年2月15日発行
宮曽根 隆・野呂拓生「秋田内陸線を生かした広域観光を考える」（東北活性化研究センター刊）2013年2月20日秋田内陸線・奥羽北線広域観光フォーラムのレジュメ
「内陸線赤字2億円以内目標達成へ 物品販売が好調」読売新聞 2013年2月23日の朝刊

堀内重人（ほりうちしげと）
1967年生まれ。立命館大学大学院経営学研究科博士前期課程修了。運輸評論家として、執筆や講演活動、ラジオ出演などを行なう傍ら、NPOなどで交通・物流・街づくりを中心とした活動を行なう。主な著書（単著）に、『都市鉄道と街づくり―東南アジア・北米西海岸・豪州などの事例紹介と日本への適用』（2006年・文理閣）、『高速バス』（2008年・グランプリ出版）、『鉄道・路線廃止と代替バス』（2010年・東京堂出版）、『廃線の危機からよみがえった鉄道』（2010年・中央書院）、『地域で守ろう！鉄道・バス』（2012年・学芸出版社）、『ブルートレイン誕生50年―20系客車の誕生から、今後の夜行列車へ―』（2012年・クラッセ）、『新幹線VS航空機』（2012年・東京堂出版）がある。日本交通学会・公益事業学会・日本海運経済学会・交通権学会・日本モビリティー・マネジメント会議・日本環境教育学会会員。

交通新聞社新書059

チャレンジする地方鉄道
乗って見て聞いた「地域の足」はこう守る
（定価はカバーに表示してあります）

2013年10月15日　第1刷発行

著　者――堀内重人
発行人――江頭　誠
発行所――株式会社　交通新聞社
http://www.kotsu.co.jp/
〒102-0083　東京都千代田区麹町6-6
電話　東京（03）5216-3223（編集部）
　　　東京（03）5216-3217（販売部）

印刷・製本―大日本印刷株式会社

ISBN978-4-330-41813-1